Il mio amico Napoleone

I Edizione 2005

15033 Casale Monferrato (AL) - Via G. del Carretto, 10
Tel. 0142/3361 - Telefax 0142/74223
www.edizpiemme.it

Stampa: G. Canale & C. Spa - Borgaro Torinese (TO)

Carla Maria Russo

Il mio amico Napoleone

Illustrazioni di
Michael Welply

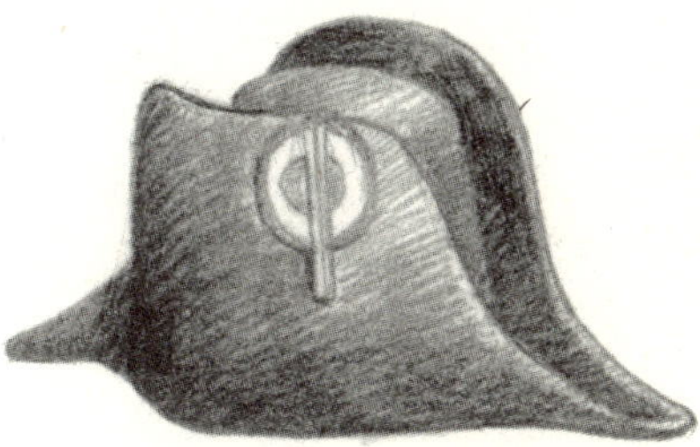

PIEMME
Junior

1
Una mattina di giugno

TUTTO È COMINCIATO la mattina del ventuno giugno milleottocentoquindici.

Una mattina come tutte le altre, in apparenza: ero in ritardo per la scuola e Sophie brontolava. Come sempre. Potevo mai immaginare che proprio quella mattina sarebbe iniziata per me la grande avventura? Le avventure, purtroppo, non è che ti avvisano quando iniziano, anzi, di solito ti accorgi di esserci in mezzo solo quando sei già a metà.

A me è successo proprio questo. Mentre gli avvenimenti si susseguivano sotto i miei occhi, mi sono reso conto di essere nel bel mezzo di una situazione che, a raccontarla a Philibert e a Boudin o agli studenti di quinta, che guardano sempre noi piccoli come se fossimo molluschi invece che esseri umani, li avrebbe fatti schiattare d'invidia.

Così, per non rischiare di dimenticare qualcosa, ho cominciato a prendere qualche "appunto di viaggio" (chiariamo subito: questo non è un diario. I diari sono cose da femmine. Invece gli "appunti di viaggio" sono da maschi, perché li scrivono solo i navigatori e i tipi tosti, come Cristoforo Colombo, Vasco de Gama, Robinson Crusoe e così via. Perciò questi sono gli "Appunti e/o impressioni di viaggio di Emanuele Las Cases").

Non avevo particolari pretese. Scrivevo per farmi bello con i compagni e magari con Christine... il giorno in cui dovessi trovare il coraggio di rivolgerle la parola.

Poi, una sera, un mio carissimo amico mi ha chiesto di leggergliene qualche pagina, per vedere se ero davvero così bravo a scrivere come mi vantavo di essere (sogno di fare lo scrittore, da grande) e, soprattutto, per sapere cosa dicevo di lui.

– Molto divertente – mi ha detto. – Me ne leggerai ancora qualche pagina. Ti consiglio di rimettere un poco a posto lo stile e raccontare i fatti dall'inizio. Si comprenderà tutto molto meglio. Poi, una volta in Francia, ti cerchi un editore che voglia pubblicare il diario... oh! Scusa, gli "Appunti e/o impressioni di viaggio", e il gioco è fatto: il sogno di fare lo scrittore è già bello che realizzato. Magari farai anche un sacco di soldi e diventerai famoso. Gli editori vanno matti per i libri che parlano di me. Ne pubblicano a valanghe e hanno tutti un grande successo. Non per merito di chi li scrive. Solo perché parlano di me.

Quando si dice *la modestia*... D'altro canto, se uno si chiama Napoleone Bonaparte, può permetterselo... Sì, certo, si tratta proprio di *quel* Bonaparte. Vedete che avevo ragione a farmi bello? Come ho fatto a diventare un suo caro amico? Beh, andate avanti a leggere e lo saprete.

Dunque, ripartiamo dal mercoledì ventuno giugno. Una giornata come tutte le altre, dicevamo: scuola (per fortuna quasi alla fine), interrogazioni (non ero preparato) e via di seguito.

Certo, quando mi sono alzato, non potevo sapere che non sarei più tornato a casa mia e non avrei potuto chiedere scusa a Sophie. A saperlo, non l'avrei trattata così male, che l'ho proprio lasciata offesa e triste. Però la colpa è stata sua. Che bisogno c'è, dico io, di rimproverarmi, se sa che divento nervoso quando sono in ritardo? Io le voglio un gran bene a Sophie, intendiamoci. E lei a me, perché è vero che in casa mia dovrebbe fare la cuoca, ma è con noi da tanti di quegli anni che, in pratica, è la mia vice madre, anche se è dura essere figlio unico e, per giunta, avere due madri.

Sophie ha il brutto vizio di svegliarsi all'alba. Dice che ama fare le cose con calma. A me, invece, piace stare a letto e dormire fino all'ultimo momento. Lei lo sa e, per questo, tutte le sere mi domanda: – Vuoi che ti svegli io, domattina, così siamo sicuri che non farai tardi a scuola?

E io le rispondo: – No grazie, Sophie. Mi sveglio da me.

– Da te! *Sssst*! Voglio proprio vedere!

Alla mattina accade che, quando l'orologio suona io aspetto che smetta e mi giro dall'altra parte. Un minuto, giuro a me stesso, uno solo, tanto arrivo a scuola in un attimo. Ho la disgrazia di abitare vicinissimo alla scuola. Non ci si crederebbe, ma è un sistema infallibile per arrivare sempre tardi. Provare per credere. E così, senza accorgermene, ripiombo nel sonno e le urla di Sophie mi svegliano quando ormai è tardissimo.

Qualche volta sospetto che lei faccia apposta a farmi fare tardi, giusto per potermi rimproverare. Così mi tocca correre e fare tutto di fretta: mi lavo (solo la faccia), non mi pettino (non c'è tempo), mi vesto senza il cravattino, che caccio in tasca (me lo annoderò mentre salgo in classe), arraffo qualche libro (di solito ne dimentico la metà) e scappo via, con Sophie che mi grida dietro di fare colazione e insomma che sistema è che un ragazzo della mia età vada a scuola senza aver fatto la colazione!

Quella mattina Sophie inveiva più del solito. Da due giorni è di pessimo umore: piange, si soffia rumorosamente il naso nel fazzoletto e ripete in continuazione: – Poveri noi, poveri noi! I prussiani fin nel soggiorno di casa, ci ritroveremo. Con le loro mani sporche di sangue e gli stivali infangati, sul parquet appena tirato con la cera. E nemmeno un uomo in casa! Due donne e un bambino (Il bambino sarei io, ma è inutile discutere: provate voi a essere figlio unico di due madri). Chissà cosa ci faranno! Sono degli animali, quelli, dei bruti. E il padrone, invece di essere qui a proteggerci, se ne va a farsi ammazzare per quel... quel... Io l'ho sempre detto che dei Corsi non bisogna fidarsi. Insomma, Sophie era più agitata del solito, ma lo ero anch'io, perché pure il mio ritardo era più grave del solito. Così, ho perso la pazienza e le ho risposto malamente: – Che noia sei! E poi con questa storia del mangiare... Vuoi farmi diventare grasso come te? Guardati, sembri una balena!

E poi sono fuggito subito, per evitare altri rimproveri e piagnistei. Logico che non le avrei detto quelle cose, se avessi saputo che non l'avrei più rivista.

Conclusione: la giornata è partita malissimo, con un litigio; poi sono arrivato a scuola tardissimo, sudato, trafelato, con i capelli arruffati, vestito male e senza neppure il cravattino. E naturalmente, chi ho incontrato? Christine, che chissà cosa ci faceva in giro per la città alle otto del mattino, quando le signorine per bene, di solito, sono a letto a dormire. (Christine è la ragazza che piace a me. Moltissimo. Però va tutto storto con lei. Mai una volta che la incontro quando voglio io e cioè quando sono tutto lustro, elegante e bellissimo. Vado a sbatterci contro sempre quando sono impresentabile e di corsa. Come faccio a farle capire che mi piace, se la vedo solo in condizioni così sfavorevoli?).

Per completare il quadro già catastrofico, non mi è venuta in mente nessuna scusa plausibile per giustificare il ritardo. Ho passato in rassegna tutto il mio repertorio: la mamma si è sentita male, è stato male il cane, è stata male la cameriera e non mi ha svegliato, sono stato male io e ho vomitato, è stato male l'orologio perché non ha suonato... Tutte scuse trite e ritrite. Nel tragitto da casa a scuola sono riuscito a spremermi solo uno stentatissimo: – Questa mattina all'alba è arrivato mio nonno e ci ha svegliati... Patetico, non avrebbe mai funzionato! Tanto più che, alla prima ora, avevamo il professor La

Roche, ovvero un pignolo rompiscatole: si sa che le disgrazie non arrivano mai sole. «Se vi siete svegliato all'alba, signor Las Cases, potete spiegarci come mai siete riuscito ad arrivare lo stesso in ritardo?» Già, perché?

«Basta» ho detto a me stesso. «Accada quel che deve accadere. Questa volta mi sbatterà in Presidenza. Così il Preside mi darà un votaccio in condotta, proprio alla fine dell'anno scolastico. E sarà tutta colpa di Sophie. Se lei non mi faceva innervosire, io una scusa decente la trovavo. Mi bocceranno per la condotta e la colpa sarà sua...»

E invece... Sorpresa! Meravigliosa sorpresa. Quando ho svoltato l'angolo, davanti alla scuola c'era un gruppo di ragazzi delle ultime classi che impedivano a chiunque di entrare. Uno di loro, senza giacca, senza cravatta, con le maniche della camicia arrotolate e i capelli sudati appiccicati alla fronte, teneva una specie di discorso agli studenti raggruppati intorno a lui. Al mio arrivo, stava già parlando da un pezzo.

Io ho colto solo le ultime frasi: – ...l'ho

già detto perché non si deve fare lezione oggi. Questa non è una giornata come le altre. Ma mi state ascoltando, voi bambocci delle medie, o pensate ai fatti vostri? Il Preside e i professori non possono pretendere che ce ne stiamo seduti tranquilli a fare lezione, mentre la Francia è invasa dalle truppe di Blucker!

Non sapevo chi fosse questo Blucker, ma non ho avuto il coraggio di chiedere, intanto perché magari lui l'aveva già spiegato e ci mancava solo che mi dicesse di fronte a tutti: «L'ho appena detto, chi è Blucker. Ma non ascolti, bamboccio?». E poi perché quelli che si interessano di politica certamente lo sanno chi è Blucker e io non volevo confessare ai più grandi la mia abissale ignoranza in quel campo.

Il nostro compagno dell'ultimo anno urlava con quanto fiato aveva in gola e si affannava a ripeterci che dovevamo riunirci per discutere di quello che era accaduto due giorni prima: – Sappiatelo: la vita della Francia sarà segnata per sempre da questa data: DICIOTTO GIUGNO 1815, e da questo nome: WATERLOO! Il nostro paese non sarà mai più lo stesso,

NOI non saremo mai più gli stessi! E loro ci chiedono di andare in classe a studiare un passato che non ci interessa, invece di parlare del presente, così minaccioso, e del futuro, così incerto!

Mentre gridava queste parole, il Preside è sbucato dalle retrovie, si è piazzato davanti a lui e, mani sui fianchi, ha urlato a sua volta: – Signor Bonnefaux, scenda all'istante da quel cancello e la smetta di fare il tribuno! Pensa di essere a Roma? Vedremo se, agli esami, sarà altrettanto loquace, vedremo! Anzi, vedrà lei! Scoprirà che, contrariamente alle sue aspettative, nella vita della Francia non sarà cambiato un bel nulla, e che, Blucker o non Blucker, gli studenti somari continueranno a essere bocciati! Ora rientri subito a scuola e venga in Presidenza, dove prenderò i provvedimenti che si è meritato! E voi altri fate altrettanto, se non volete che chiami la forza pubblica. E allora scoprirete a vostre spese se c'è da avere più paura di Blucker o del Preside! In classe entro un minuto. Marsch!

Tutti i ragazzi delle ultime classi, che fino a un momento prima facevano tanto i gradassi, si sono dispersi in un momento e così nessuno mi ha spiegato chi è mai questo Blucker. Ma deve essere uno che non si è fatto una buona fama, a giudicare dal tono con cui se ne parla. Io, se non altro, ho evitato un serio problema: incappare nelle punizioni di La Roche per via del ritardo.

In classe l'insegnante se l'è presa con noi, per le intemperanze dei più grandi: – Fare tutta questa confusione. È una vergogna, uno scandalo. Oggi gli studenti si prendono certe libertà! Se avessi fatto io una cosa del genere, alla vostra età, sarei stato espulso da tutte le scuole di Francia. La politica lasciatela a noi adulti... Cosa c'è, signor Philibert, ha qualcosa da dire?

– Scusi professore, ma la sua generazione non è quella che ha fatto la rivoluzione? Lei non era sulle barricate, invece che a scuola? Come facevano a espellerla?

Bel colpo! Bravo Philibert! La Roche è diventato rosso come un pomodoro e ha picchiato un gran pugno sulla cattedra: – Signor Philibert, smetta di fare il saccente! Quelli erano, ehm... altri tempi, in nessun modo paragonabili a quelli di oggi! La mia generazione non ha potuto fare diversamente. Sieda e non perda il suo e il nostro tempo in discorsi tanto insulsi!

Poi ha aperto il registro e ha cominciato a scorrerlo dal basso in alto e viceversa, per decidere quali fossero le vittime di quel giorno. Di solito, mentre La Roche si attarda in questa operazione, in classe re-

gna un silenzio tale che ognuno di noi può percepire il respiro affannoso di tutti i compagni. E invece, quella mattina, neppure il registro di La Roche riusciva a metterci paura e a farci stare zitti. In classe regnavano un'agitazione, un brusio che non si allentavano un attimo. Tutti bisbigliavano su quello che era accaduto davanti ai cancelli della scuola. Ho anche saputo chi è questo Blucker: secondo Philibert, è il generale dei Prussiani e sta marciando alla testa delle truppe per invadere Parigi. Finalmente ho capito perché Sophie da due giorni va ripetendo che ci saremmo ritrovati i Prussiani nel soggiorno di casa!

A un certo punto, il signor La Roche si è stancato di quel bisbiglio e ha chiuso rumorosamente il registro. Il cuore mi ha fatto una capriola di gioia nel petto: che avesse deciso di graziarci, per amore della Patria in pericolo? Macché!

– Allora, signori, visto che questa mattina siete così impegnati a discutere e protestare per motivi, a mio insindacabile giudizio, molto futili, ora vi fornirò io un motivo di protesta molto più concreto:

prendete tutti un foglio, scriveteci il nome e preparatevi a eseguire una interrogazione scritta di verbi latini... Oh bella! Perché siete ammutoliti di colpo?

Perché siamo ammutoliti di colpo!? Perché nessuno sa un accidenti, dei verbi latini. Io, saranno due mesi che non me li ripasso, figurarsi! Questa sì, che è una vera sciagura, che incombe sopra le nostre teste, altro che i Prussiani di Blucker. Anzi, sarebbe una vera grazia se fossero già a Parigi e qualcuno si precipitasse in classe in questo preciso momento, per dirci che finiremo tutti infilzati sulle loro baionette, se non fuggiamo all'istante.

Ma era destino che quella giornata, tanto disgraziata per la Francia, fosse fortunata per me e per la mia classe. Quasi l'avessi evocato io stesso con i miei pensieri, il bidello ha picchiato alla porta proprio in quel momento.

– Professore, il Preside la desidera in presidenza.

Un grido di gioia si è levato dal profondo dei cuori fino alle stelle. Allora La Roche ha cominciato a picchiare con tutte le forze una mano sulla cattedra:

– Signori! Esigo un immediato e assoluto silenzio. Prendete il libro degli esercizi latini a pagina centonovantasette e fate l'esercizio numero quattro. Vi prego di lavorare nella più assoluta concentrazione fino a quando non sarò rientrato.

Inutile dire che, appena uscito, ventisette libri si sono chiusi all'unisono. Poi è iniziato un fitto parlottio, che è andato aumentando di intensità e di volume. Sopra le altre, tuonavano le voci di Boudin e Philibert, i più vecchi della classe perché sono stati bocciati diverse volte. Loro sono sempre i più informati sui fatti della politica, amano assumere atteggiamenti da grandi per farci sentire dei bambocci.

– Me ne infischio di La Roche – diceva Baudin – e anche della scuola, soprattutto oggi. Io adesso scappo. Vado ad arruolarmi nelle truppe di Napoleone!

– Vengo con te. Mi porti? – gli ha chiesto qualcuno.

– Non pensarci nemmeno, moccioso. Vai a casa dalla mamma. Forse non hai capito che non sto andando a un ballo, ma a combattere. Hai presente, com'è la guerra? C'è qualcuno che spara cannonate su qualcun altro. Non è divertente e ci si può fare molto male. Ripassa fra qualche anno.

– Non fare tanto lo spaccone, Baudin. E poi, io ho mio padre nell'esercito di Napoleone. Tu chi c'hai, sentiamo?

– Anch'io ho mio padre nell'esercito di Napoleone – ho sottolineato io, con fierezza.

– E allora? Che significa? Metà delle famiglie francesi ha qualcuno nell'esercito di Napoleone. Tutta gente che non si sa che fine abbia fatto... O meglio, lo si sa benissimo. Tuo padre per esempio, D'Artois, oppure il tuo, Las Cases, in questo momento potrebbero essere morti stecchiti sul campo di Waterloo.

– Baudin, non essere truculento. Che bisogno c'è di spaventare i bambini? – sghignazzava Philibert. Anche lui riesce a essere odioso come Baudin, quando ci si mette.

– E poi, non stare a fare tanto il patriottico. Ormai Napoleone è finito. Si è arreso. Andare a combattere per lui vuol dire solo sprecare la vita. Vedrai che gli Inglesi o i Prussiani lo cattureranno e lo processeranno. E magari poi gli taglieranno la testa con la ghigliottina...

– Non capisci proprio niente di politica, Philibert! E poi dici a me di non essere truculento. Ma non ci pensi alla Francia? È il tuo paese, no? Sei un vigliacco.

– Io, un vigliacco? Attento a come parli, Baudin! Hai letto i giornali questa mattina? L'Imperatore è stato sbaragliato. L'esercito francese non esiste più: fatto a pezzi, distrutto. I Prussiani puntano diretti su Parigi, e non c'è nessuno che li fermi. Vuoi farlo tu, da solo? Un giornale ha scritto a caratteri cubitali che Waterloo sarà la tomba di Napoleone Bonaparte e della Francia...

– Scusate, ma dove sta questa Waterloo? – ho chiesto io – È vicina a Parigi? –. Pensavo a Sophie, ai Prussiani e a quello che farebbero al soggiorno di casa mia e a noi che vi abitiamo. Volevo capire se c'era tempo di organizzare una fuga nella casa in campagna.

Philibert e Baudin si sono guardati in faccia con aria smarrita e poi hanno alzato le spalle: – Boh! – hanno risposto entrambi.

In quel momento, la sentinella (Aubry, che ha il banco più vicino alla porta) ha urlato: – Arriva La Roche insieme al Preside!

Quando sono entrati in classe, eravamo in perfetto silenzio, già tutti in piedi.

– Bene, ragazzi. Bravi – Ha detto La Roche. E poi, guardandosi in giro, ha aggiunto: – Signor Las Cases, Emanuele Las Cases...

– Presente, signore – ho detto io.

– Faccia la cortesia di seguire il Preside e porti con sé i libri.

– I libri, professore? – ho chiesto, sbiancando in volto. I miei ventisette compagni mi hanno fissato tutti assieme, alcuni con commiserazione (cosa ha combinato di così grave Las Cases, per essere sbattuto in Presidenza?) altri con invidia (beato te che ti risparmi il compito di verbi latini).

Avrei risparmiato altro che quello! Ma allora non lo sapevo e avevo solo una gran paura. Come potevo immaginare che in Presidenza avrei trovato mio padre in carne e ossa e tutto intero, in barba a quello iettatore di Baudin?

Per farla breve: mi ha comunicato che era venuto a prendermi e che dovevo lasciare subito la scuola. Il tutto con la benedizione del Preside.

– Non è una consuetudine di questa scuola, ma in via eccezionale, posso concederlo. Emanuele è uno studente discreto. Il professor La Roche e gli altri mi informano che non ha bisogno di ulteriori interrogazioni. Mi raccomando però di mantenerlo in esercizio durante l'estate. Ci rivediamo a settembre, signor Las Cases.

Non avrei più rivisto il Preside e il professor La Roche, perché, quando sono tornato in Francia (due anni dopo!) ho studiato in privato per recuperare gli anni perduti.

E così sono andato via senza salutare né i miei compagni, né Sophie, perché non siamo neppure passati da casa. Questo mi è dispiaciuto tantissimo. Mio padre ha detto che dovevamo fare in fretta. Ho incontrato mia madre, che ci aspettava in carrozza. Piangeva, quando ci siamo lasciati. Ho sentito mio padre bisbigliarle: – Su, non fare così. Non accadrà nulla, ci scriveremo e magari verrai a trovarci. In poco tempo, sarà tutto finito.

Mi avevi promesso che non avresti pianto, di fronte al ragazzo...

Meno male che diceva ragazzo e non bambino. Abbiamo affidato mia madre a due nostri amici di famiglia e siamo partiti.

– Alla Malmaison – ha ordinato mio padre al cocchiere.

Poi più niente. Io mi sono rannicchiato in un angolo della carrozza, senza fiatare. Non sapevo cosa dire. Cominciavo a rendermi conto che era accaduto qualcosa di grave. Mio padre era pallido e teso, non indossava la divisa, ma abiti civili. La città sembrava in preda al panico, vi erano posti di blocco dappertutto. Prima di giungere al castello della Malmaison siamo stati fermati almeno quattro volte per il controllo dei documenti e del lasciapassare e ogni volta le sentinelle ci hanno ripetuto: – Fate attenzione. Sembra che il nemico sia alle porte di Parigi.

Alla Malmaison abbiamo trovato molta folla e soldati. Alcuni inneggiavano all'Imperatore, altri inveivano contro di lui. Mio padre è entrato e mi ha lasciato per un bel pezzo ad aspettare in carrozza. Da solo, al caldo, senza acqua e senza cibo. L'avventura era già cominciata, ma io ancora non lo sapevo, altrimenti non mi sarei messo a frignare perché avevo fame, sete e già rimpiangevo terribilmente Sophie. Per fortuna, ho smesso prima che tornasse.

– Si parte – ha detto al suo ritorno. – Destinazione sconosciuta. Si va verso l'ignoto. Sei pronto, ragazzo?

Poi, senza attendere la risposta, ha picchiato un colpo sulla seggiola del cocchiere perché partisse. Di mangiare e bere neanche una parola. Stavo imparando a mie spese che l'avventura è molto faticosa. E anche la politica.

2
Sul Bellerofonte

LASCIATA PARIGI, siamo giunti sull'isola di Aix, da dove, tre giorni or sono (il sedici di luglio milleottocentoquindici, un lunedì) ci siamo imbarcati su un vascello inglese alquanto malandato, di nome *Bellerofonte*. Non so dove siamo diretti, forse verso l'Inghilterra, ma non capisco cosa ci andiamo a fare, dato che gli Inglesi sono nostri nemici. Evito di fare domande anche a mio padre, visto che, quando ci incontriamo, è sempre di gran fretta: – Un po' di pazienza, figliolo, – mi dice – e ti spiegherò tutto. Ora sono impegnato. Intanto tu guardati intorno (*vedo solo mare*), ambientati (*come se questa barchetta fosse una metropoli*), insomma non ciondolare inutilmente tutto il giorno, fa' qualcosa, perbacco... altrimenti, cosa sei venuto a fare? (*dovrebbe spiegarmelo lui*). Almeno cerca di fare amicizie, no?

Già, bravo: ma con chi? Imbarcato sul *Bellerofonte*, c'è un gruppo di ufficiali francesi (ne ho contati una decina) alcuni dei quali con mogli e figli. Nessuno di loro ha la mia età, sono tutti molto più piccoli. Corrono qua e là per la nave, strepitano, litigano fra loro... Insomma, marmocchi noiosi. In compenso, almeno un paio di marinai della nave sembrano ragazzi molto giovani, più o meno della mia età. Ma sono Inglesi e quindi siamo nemici. Come faccio a fraternizzare col nemico? E poi, tanto non ci capiremmo. Io parlo pochissimo l'inglese, a differenza di mio padre, che lo parla molto bene.

Gli adulti mi ignorano e parlano fra di loro: le signore con le signore, gli ufficiali con gli ufficiali o con mio padre,

anche se veste abiti civili, mentre loro hanno le loro belle divise rosse e blu, addobbate con nastrini, medagliette e cordicelle dorate.

Così io sono l'unico che non ha compagnia. Per ora passo il tempo passeggiando per la nave, guardando il mare e cercando di evitare mio padre, perché un'altra possibile alternativa che mi ha suggerito

per tenermi impegnato, è stata: – Prendi un buon libro e leggi. Ne ho portati molti – Sì ma, conoscendolo, scommetterei che sono uno più noioso dell'altro. Lui è un intellettuale, anche se, negli ultimi anni, si è dato alla politica e alle armi, per cui legge roba che piace solo a lui. In ogni caso, anche se per ora mi annoio un po', è sempre meglio essere qui a oziare piuttosto che a scuola, a rodersi con le ultime interrogazioni.

Sono bastati pochi giorni di navigazione perché la vita cambiasse e diventasse molto più interessante. Il fatto è che ho fatto una scoperta così straordinaria che, se la raccontassi ai miei compagni Philibert, Baudin e Bonnefaux (quello che si dondolava sul cancello della scuola e faceva il tribuno) non mi crederebbero mai. Li farei schiattare tutti d'invidia: Napoleone Bonaparte è su questa nave, insieme a noi. Proprio lui, l'Imperatore di Francia. In carne e ossa. La Politica con la P maiuscola a un passo da me, un moccioso delle medie.

Non so cosa ci faccia imbarcato su questa bagnarola, ma c'è. I militari addobbati con le cordicelle e i nastrini sono i suoi generali, quelli che hanno combattuto con lui fin dalla campagna d'Italia. Di alcuni so anche il nome: Bertrand, Montholon, Gourgoud, Planet de la Faye...

Tutte queste informazioni le ho avute da un marinaio inglese, poco più grande di me, con cui ho fatto amicizia. Ebbene sì, *ho fraternizzato col nemico*, ma solo per disperazione. Sennò come facevo a far passare il tempo? D'altro canto, non ho cominciato io, ma lui. Lo osservavo mentre fregava il ponte della nave, faticando e sudando. Fra me, riflettevo su quanto fossi fortunato ad avere due mamme che mi stanno sempre alle costole per risolvermi ogni problema e mi dicevo che sono proprio un ingrato a lamentarmi sempre e a offendere Sophie, che si fa in quattro per aiutarmi, mentre io le dico che è una grassona. Lui ha visto che lo guardavo e mi ha sorriso. Poi mi ha chiesto come mi chiamavo e allora come facevo a non rispondere? E dopo, si sa, una parola tira l'altra.

– Parli inglese? – mi ha chiesto.

– Appena, appena – ho risposto.

– *Ah, very well*. Allora possiamo parlare un poco.

Fra mille difficoltà, ho capito che sono il primo francese con il quale fa conoscenza, ma che voleva tanto conoscerne uno, perché a lui piace molto Napoleone Bonaparte!

– *I admire him,* lo ammiro. *He is a real genius*!

Io all'inizio mi sono mostrato diffidente e ho cercato di non dargli troppa corda. In fondo, chi gli crede agli Inglesi? Boudin sostiene che sono vent'anni che ci rompono le scatole, a noi Francesi, e se lo dice lui, che di politica se ne intende, perché non dovrei credergli?

Lui, però, ha continuato a parlarmi con gentilezza e a sorridermi e io, anche se volevo fare a tutti i costi il patriottico, come facevo a non rispondergli? Insomma, adesso ho un amico inglese che mi è molto simpatico e meno male che non c'è qui Baudin, sennò chissà quante me ne direbbe. Quando gli racconterò le mie avventure, questo fatto lo terrò ben nascosto.

Le nostre conversazioni sono davvero

buffe: una parola in inglese, una in francese, un po' di gesti. Però ci intendiamo. Sembra che i marinai inglesi sappiano tutto di noi Francesi, più degli stessi Francesi. Questo mio amico, che si chiama Benjamin (ma lo chiamano Ben perché gli Inglesi abbreviano tutti i nomi: io, per esempio, sono diventato *Manny*: «*Hello, Manny, how are you*, come va?» mi dicono i marinai) questo Ben, dicevo, è così informato che sembra una spia dei servizi segreti. Conosce uno per uno i generali, sa quanti anni hanno, quante campagne hanno fatto con Napoleone, quando sono stati feriti e dove, persino il nome delle loro mogli e dei loro figli.

Lui dice che in Inghilterra Napoleone è molto popolare, che i ragazzi raccolgono le figurine con sopra stampata la faccia dell'Imperatore e dei suoi generali più famosi, oppure, se sono ricchi, fanno la raccolta dei soldatini di piombo. Puoi fare addirittura la raccolta dell'intero esercito inglese e francese con tutti i generali (i nostri, come Bertrand o Gourgoud, e i loro che si chiamano Nelson, Wellington, e poi non mi ricordo). Gli ho chiesto se aveva sentito parlare di Blucker, sperando di fare colpo con questo nome, ma lo conosceva benissimo. Se hai tutti gli eserciti, anche quello Prussiano, Austriaco, Russo e così via, puoi giocare a fare le grandi battaglie, tipo Weimar, Austerlitz, eccetera.

Finalmente da lui ho saputo ciò che mio padre e gli altri adulti non mi hanno ancora spiegato: cosa ci facciamo noi Francesi sul *Bellerofonte* e, soprattutto, cosa ci fa Napoleone. Ben afferma che l'Imperatore è dovuto scappare dal suo paese perché noi Francesi l'abbiamo cacciato, visto che a Waterloo ha preso proprio una gran brutta legnata, con perdite enormi. Però, secondo Ben, Napoleone non può andare da nessuna parte, perché non c'è alcuna via di fuga disponibile. Gli Inglesi controllano le coste e i porti e perquisiscono qualsiasi nave entri o esca dalla Francia. E quindi, se cercava di fuggire, gli Inglesi l'avrebbero scoperto e imprigionato. Alla fine, ha deciso di consegnarsi spontaneamente al capitano Maitland, che è il comandate del *Bellerofonte,* perché ha pensato che fosse molto meglio consegnarsi agli Inglesi che ai Russi o ai Prussiani. E ha fatto bene, secondo Ben.

– Noi siamo un popolo civile e rispettiamo il nemico che si arrende e ci chiede ospitalità. Invece i Prussiani o i Russi non si fanno tanti scrupoli.

– Hai ragione – ho risposto io. – Anche Sophie parla molto male dei Prussiani. Ma ora che avete Napoleone nelle vostre mani, che cosa ne farete?

Ben ha alzato le spalle:

– *I don't know* –. Non lo sa. Finalmente una cosa che non sa. Devo dire che mi vergogno terribilmente della mia ignoranza. Persino un marinaio inglese ne sa molto più di me sul mio paese. Hanno ragione i miei compagni a trattarmi come un mollusco. Giuro che appena rimetto piede in Francia leggo il giornale da cima a fondo tutti i giorni.

È stato ancora Ben a indicarmi Napoleone Bonaparte. E, per la prima volta in vita mia, ho visto da vicino l'Imperatore.

Passeggiava sul ponte della nave, circondato dai suoi ufficiali. Di fianco a loro, che sono tutti grandi e grossi, sembrava persino più basso di quanto non sia veramente. Per di più, non indossava l'uniforme. Per forza che non l'avevo notato. Sono un po' deluso perché immaginavo che l'Imperatore fosse un omone imponente, come appare nei ritratti. E invece è una persona normalissima, persino un po' insignificante, con la pancia e una incipiente calvizie, che maschera pettinando in avanti i capelli che gli restano.

Adesso lo guardo tutte le volte che ne ho l'occasione. È sempre assorto, pensieroso. Non l'ho mai visto sorridere. Ho scoperto

che i libri che mio padre ha portato con sé, parlano in gran parte di lui: *Vita di Napoleone*, *Napoleone, dalla campagna d'Italia al Consolato*, *Napoleone e le donne*, *Detti famosi dell'Imperatore Napoleone Bonaparte*... E potrei andare avanti ancora un pezzo. Quando gli ho chiesto perché possegga tanti libri su Napoleone, mi ha detto: – Per documentarmi. Non ho solo libri. In quella valigia c'è anche una grande quantità di appunti, dove ho registrato le informazioni raccolte nei mesi trascorsi con lui.

– Come mai tanto lavoro?

– Perché sono uno storico e scrivere è il mio lavoro. A proposito... volevo parlarti di un importante progetto. Ho intenzione di realizzare uno studio sulla figura dell'Imperatore, un libro che documenti gli eventi di questi giorni drammatici. Sarà una grande opera Emanuele, ma, per realizzarla, ho bisogno di tenere traccia minuziosa, precisa, di tutto quello che accade, di tutto ciò che l'Imperatore fa e dice. Ogni dettaglio. Ora, ragazzo mio, non so se ne sei consapevole, ma a te è stata offerta un'opportunità incredibile.

Sei protagonista di un'avventura che di solito i tuoi coetanei leggono solo nei romanzi o studiano sui libri di storia.

Sentivo che quelle parole preludevano a qualche incombenza... gli adulti non ti danno mai niente per niente e, se ti fanno una concessione, la devi sempre pagare a caro prezzo!

– Tu devi aiutarmi a realizzare questo progetto: prendere appunti, annotare tutto con grande minuzia. Per agevolare il tuo compito, ti presenterò all'Imperatore ma non subito. Al momento è ancora troppo teso e preoccupato e non ti noterebbe neppure. Intanto, potresti cominciare a documentarti attraverso i libri che ho portato. Devi conoscerlo bene, se vuoi parlargli. Non possiamo rischiare delle brutte figure!

– Ma padre! Quei libri... sono una quantità enorme!

– Hai anche un'enorme quantità di tempo da occupare. In fondo, sarà un modo per supplire alla mancanza della scuola. Non ti pare, giovanotto?

No, non mi pare. Allora tanto valeva stare a scuola e sorbirsi La Roche. E dire che, proprio in questi giorni, avevo cominciato a tenere un mio personale quaderno di appunti e/o impressioni di viaggio, perché pensavo: «se non sono preciso nel raccontare le cose che vedo, quando mai i miei compagni crederanno che io ero proprio lì, insieme con Napoleone, l'eroe preferito di Baudin?». Ma adesso, dopo la richiesta di mio padre, questa voglia mi è sparita. Non mi va di passare tutto il tempo ad annotare *cosa dice* Napoleone, *cosa fa* Napoleone, *cosa mangia* Napoleone, *quante volte va in bagno* Napoleone! E, per di più, dovrei anche trovare il tempo per "documentarmi"!

Ancora non lo conosco e già comincia a starmi un po' sull'anima, questo Napoleone.

Luglio sta volgendo al termine, continuiamo la navigazione e ormai abbiamo perso di vista le coste della Francia. Ogni tanto incrocio mio padre che mi chiede cosa faccio, come passo il mio tempo e se le mie letture progrediscono. Io cerco di cambiare argomento e, soprattutto, di incrociarlo il meno possibile, perché le letture su Napoleone vanno malissimo. Preferisco chiacchierare con Ben, quando non deve lavorare, oppure con gli altri marinai che ho conosciuto. Ormai non mi sento più in colpa a fraternizzare col nemico, perché su questa nave tutti fraternizzano con tutti, soprattutto con Napoleone.

Credo che abbia ragione Ben: agli Inglesi l'Imperatore piace molto, almeno a quelli di questa nave e tutti sono gentili e rispettosi con lui, a cominciare dal capitano Maitland, che lo chiama Sua Maestà. Alla mattina, quando esce dalla cabina, i marinai inglesi si schierano tutti sul ponte e gli rendono gli onori militari.

Lui, di solito, osserva dall'alto la cerimonia del saluto, limitandosi a un breve cenno del capo come risposta, ma una volta è sceso dal ponte e si è mescolato ai marinai, chiacchierando per un po' con loro. Ben, alla sera, era raggiante perché aveva visto Napoleone così da vicino da poterlo toccare e ancora di più perché gli aveva chiesto il nome.

– Un giovanissimo marinaio. Bravo – ha commentato.

Ben mi ha confessato che vorrebbe

tanto avere un suo autografo, per ricordo. Dice che lo terrebbe come una reliquia. Mi ha chiesto se posso procurarglielo. Io vorrei accontentarlo ma, a dire la verità, non so come fare perché mio padre non mi ha ancora presentato a Napoleone, e mi chiedo se lo farà mai. Certo, il suo autografo farebbe comodo anche a me... Forse dovrei darmi da fare per parlargli, una volta o l'altra.

È accaduto. Gli ho parlato, anche se in circostanze non molto favorevoli. La stessa cosa che mi capita con Christine.

Avevo appena fatto conoscenza con uno dei suoi generali, quello che si chiama Gourgoud, il più alto e imponente di tutti. Io ero sul ponte della nave e, al lume di candela, stavo sfogliando di malavoglia qualche pagina di un libro su Napoleone. Il generale Gourgoud era appoggiato alla murata della nave. Forse si stava godendo la quiete della sera. Sembrava pensieroso. Ha visto che lo fissavo, attratto dalla sua folta massa di capelli scuri, e allora mi ha sorriso: – I miei capelli crescono all'insù, contro la stessa legge di gravità, lo so. Ma non posso farci niente e, in fondo, ne ricavo anche qualche vantaggio: sono così fitti e crespi che, quando piove, neppure una goccia d'acqua riesce a penetrare attraverso questa cortina. Mi basta scuotere la testa, come fanno i cani, e l'acqua scivola via. Invece il cappello della divisa è un problema. Non c'è una misura che mi vada bene, con questo testone... Tu sei il ragazzo di Las Cases, vero?

– Sì signore, Emanuele Las Cases.

– Tuo padre è una brava persona. Di questi tempi, non è facile trovarne. È più frequente incontrare dei traditori... Dovremmo acciuffarli e passarli tutti a fil di spada. Ma lui è troppo generoso.

– Parlate di mio padre?

– Ma no, cosa c'entra tuo padre!

– Di Napoleone, allora?

– Dell'Imperatore, vuoi dire. Ti spiace, ragazzo, chiamarlo con il suo titolo e non come se fosse il tuo compagno di banco? – Il tono era molto severo.

– Chiedo scusa, signore. Non volevo mancare di rispetto all'Imperatore.

– Scusa tu. Siamo tutti un po' nervosi,

te ne sarai accorto. I panni degli sconfitti non ci sono abituali. E le poche volte in cui il nemico ha avuto la meglio su di noi, abbiamo sempre rialzato la testa. Ma stavolta... Mah, vedremo. Devi sentirti solo, su questa nave. Noi ufficiali non dobbiamo sembrarti una compagnia piacevole. E pensare che, in genere, quando siamo assieme, Bertrand, Montholon, io e naturalmente l'Imperatore, siamo un gruppo molto allegro e divertente... Eh, dovevi incontrarci in un altro momento!

– Anche l'Imperatore? A me sembra sempre così serio e severo...

– Ah, non lo conosci bene, allora.

– Non lo conosco affatto, a dire la verità. E voi, lo conoscete bene, signore?

– Se lo conosco bene? Io sono uno dei suoi ufficiali più fidati, nonché uno dei suoi migliori amici. Come vedi, non esito ad abbandonare tutto per seguirlo. Resterò con lui fino alla fine, qualunque cosa accada.

– E cosa pensate che accada?

– Andrà tutto bene. Sono fiducioso. Stiamo cercando di farlo espatriare in un paese neutrale. Avevamo trovato una goletta danese disponibile a imbarcarlo di nascosto e a condurlo negli Stati Uniti dove sarebbe vissuto libero e onorato. Il generale Bertrand aveva già firmato il contratto. Ma l'Imperatore non ha avuto fiducia nelle riuscita dell'impresa.

– Davvero? Ma avrebbe dovuto tentare!

– Ehi, ragazzino, come ti permetti di dare lezioni? – ha reagito Gourgoud, in modo brusco – Ti ho già detto che devi essere rispettoso. Che scuola frequenti? Un collegio militare?

– Nossignore. Frequento una scuola statale.

– Adesso capisco. Per questo sei così arrogante. In quelle scuole non vi insegnano la disciplina, non vi educano a stare al vostro posto e a parlare solo quando siete interrogati... non servono a niente, quelle scuole lì. Perché non frequenti un collegio militare, spiegamelo.

«Non sono fatti tuoi» avrei voluto rispondere. Però non l'ho fatto perché temevo che Gourgoud mi sollevasse di peso e mi scaraventasse in mare.

– Se l'Imperatore ha preferito non tentare – ha proseguito senza attendere la risposta – è segno che questa era la cosa giusta da fare. Ha preferito consegnarsi agli Inglesi e io sono d'accordo. Sono un popolo di grande civiltà, che ha il senso della dignità e dell'onore. Vivrà libero e sarà più vicino alla Francia. Gli Inglesi non violerebbero mai il sacro vincolo dell'ospitalità.

– Il vincolo dell'ospitalità? Ma Napoleone è un prigioniero di guerra, non un loro ospite.

– Prigioniero, un corno! – ha replicato lui, picchiando una gran manata sul legno della nave.

Chissà perché non me ne stavo zitto e non mi facevo i fatti miei. Proprio con un fanatico come Gourgoud doveva venirmi la voglia di ficcare il naso nelle faccende di Napoleone e della politica?

– Si sarebbe fatto ammazzare mille volte – ha proseguito – prima di cadere prigioniero nelle mani dei nemici. Già ci è andato vicinissimo... anzi l'ha cercata a tutti i costi, la morte, a Waterloo. Ma lei non l'ha voluto.

Mio padre ci ha raggiunto il quel momento. – Emanuele, dov'eri finito? È molto tardi. Dovresti essere a letto da un pezzo.

– Suvvia, Las Cases. Non trattate questo giovanotto come se fosse un bambino. Lo vizierete. Già mi stupisco che non lo abbiate mandato in un collegio militare. Private l'esercito di un buon elemento, per avere in cambio cosa? Nelle altre scuole non vengono educati alla disciplina, al rigore, alla fatica. Diventano delle signorine!

Questo poi era davvero troppo! Avrei voluto rispondergli per le rime, ma come facevo? Ha risposto per me mio padre, ma non con il tono e le parole che avrei usato io: – Cosa volete, generale, mi sono attenuto alle tradizioni della mia famiglia, che non sono militari ma piuttosto forensi e letterarie. Io stesso, anche se ho preso le armi per qualche tempo, sono e resto uno storico, uno studioso del passato.

– Non mi sembra, però, che siate ripiegato solo sul passato, visto che siete l'unico, fra noi Francesi, che parla l'inglese. E in modo eccellente, devo dire!

– Silenzio, generale, non ditelo a voce alta. Nessuno su questa nave sa che parlo l'inglese. Abbiamo deciso di tenerlo nascosto per avere la possibilità di ascoltare senza essere ascoltati. E dobbiamo mantenere il segreto.

– Fidatevi di me. Starò attentissimo a non tradirvi. Dunque, devo rassegnarmi: non vi sono speranze di fare di questo giovanotto un ufficiale di artiglieria, come il nostro Imperatore.

– A essere sincero, mio figlio non ha mai dimostrato interesse verso le armi e la carriera nell'esercito. Vero, Emanuele?

Ora era il mio turno di prendermi una rivincita: – Sì, signore. Detesto i collegi militari. Sono prigioni (*questa era per Gourgoud!*) Io voglio fare lo scrittore.

– Lo scrittore?!

Il generale mi guardava esterrefatto, come se avessi detto che volevo fare il delinquente. Cosa c'è di tanto disonorevole, nel fare lo scrittore?

Siccome quell'uomo mi innervosiva, gliel'ho chiesto a muso duro: – Cosa c'è di tanto disonorevole, nel fare lo scrittore? Mio padre è uno scrittore.

– Oh nulla, giovanotto... Non arruffare le penne. È che mi sorprende, ecco. Tutti i ragazzi della tua età che mi è capitato di incontrare vogliono assomigliare all'Imperatore. Lui è l'idolo delle giovani generazioni, il loro eroe. E, d'altro canto, come stupirsene? È un uomo del tutto fuori del comune.

– Però a vederlo, non si direbbe... – ho commentato io scioccamente, pronunciando a voce alta il pensiero che mi attraversava la mente in quel momento.

Gourgoud ha subito reagito, guardandomi con una tale severità, che avrei voluto scomparire.

– Lo è, ragazzo. Auguro a te di avere un decimo delle qualità che ha lui. Lascialo dire a uno che lo conosce molto bene.

Mio padre, forse temendo altre mie osservazioni inopportune, si è garbatamente intromesso nel discorso: – Mi permetta di ricordarle, generale Gourgoud, che anche i Bonaparte sono stati uomini di legge e di lettere. L'Imperatore costituisce una eccezione nelle tradizioni della sua famiglia.

– Dite davvero, conte? – Gourgoud sembrava molto stupito.

– Ma certo. Lo sa anche mio figlio, che ha avviato da qualche tempo una serie di studi sull'Imperatore... Vero Emanuele? Come procedono le tue letture?

– Male, padre.

– Male? Sono spiacevolmente sorpreso, giovanotto. Questo era il compito che ti avevo assegnato in sostituzione della scuola. Comincio a credere che abbia ragione il generale Gourgoud. Nella scuola che frequenti non insegnano a sufficienza la disciplina.

– Ho provato a leggere quei libri, padre, ma sono tutti talmente noiosi. Parlano solo di guerre, strategie, conquiste...

– Ma ragazzo mio, Napoleone è questo: guerre, strategie, conquiste. E meno male! Cos'altro vorresti? –. Gourgoud non poteva fare a meno di dire sempre la sua.

– Qualcosa di meno noioso.

– Per esempio? – questo era mio padre.

– Per esempio, non so... qualcosa sulla sua adolescenza! Non ci sono libri che raccontino di quando aveva la mia età?

– La tua età?

– Sì, esatto. Avrà pure avuto anche lui la mia età, questo Napoleone...

– Giovanotto! – il tono di Gourgoud era terribilmente indispettito. – Per te, lui è l'Imperatore, non *questo Napoleone*! Devi essere rispettoso! Ti ho già messo in guardia, mi pare.

Cominciavo a detestare questo generale rigido e ficcanaso. A fatica ho evitato di sbuffare ed educatamente ho detto: – Scusate, generale.

– A nessuno interessa di quando l'Imperatore aveva la tua età – si è affrettato a spiegare mio padre. – Le cose degne di nota sono accadute dopo. Non so nemmeno se esistono libri che parlino di quel periodo. Voi ne conoscete, generale?

– Francamente no. Però io con i libri non ho nessuna dimestichezza, se devo essere sincero. Nelle chiacchiere che si facevano intorno al fuoco, durante le campagne militari, si raccontavano alcuni aneddoti sulla sua famiglia. Ricordo un episodio che riguardava la sua nascita... Si dice che, quando Napoleone è nato, sua madre l'abbia deposto su un tappeto raffigurante scene di vita di due grandi condottieri: Alessandro Magno e Cesare. E questo ha influito nel conferire al bimbo virtù guerriere... E tu cos'hai da ridacchiare, ragazzino? Pensi che non ti veda?

Di nuovo stavo offrendo a Gourgoud una ghiotta occasione per rimproverarmi.

– Mi piacerebbe chiedere direttamente a lui, se questa storiella è vera – ho detto io.

– Forse volevi dire: mi piacerebbe chiederlo direttamente all'Imperatore – ha puntualizzato Gourgoud, con testardaggine. – Conte Las Cases, è la terza volta, questa sera, che richiamo questo giovanotto. Quanto a te, ragazzo, sappi che l'Imperatore ha altri pensieri per la testa, che queste sciocchezze.

In quel momento, una voce si è materializzata dal buio, calma e quasi irridente.

– Mio caro Gourgoud, non spaventate così quel ragazzo. Lasciate che manifesti le sue curiosità senza assalirlo. Decido io, se sono o no sciocchezze. I giovani vanno incoraggiati. Sono loro, il futuro. Come ti chiami, giovanotto?

Colui che mi stava rivolgendo la parola era Napoleone Bonaparte in persona. Sono andato un po' in confusione.

– Emanuele Las Cases – ho risposto.

– Forse volevi dire: Emanuele Las Cases, Sire... – si è intromesso Gourgoud, implacabile.

– Gourgoud, vi prego! Non siate così severo. Voi non sapete cos'ero io alla sua età! Ti prego di non prendertela, giovanotto. È il più irruente e impetuoso dei miei ufficiali... un caratteraccio, ma guai se non ci fosse lui, a combattere al mio fianco.

A queste parole il viso di Gourgoud si è trasformato dalla gioia e i suoi occhi si sono illuminati, facendolo assomigliare a un grosso gatto che fa le fusa.

– Passeggiavo sul ponte e mi è capitato di ascoltare una parte della vostra conversazione. Allora, giovanotto, hai delle domande da farmi, se ho ben capito...

– Oh, nulla di importante, Sire.

– Questa sera, in effetti, non è possibile. È ora di andare a risposare. Al mattino mi alzo sempre molto presto.

– Sì, lo so, Sire.

– E come fai a saperlo?

– Lo dicono i marinai inglesi e l'ho anche letto su un libro.

– Leggi libri che mi riguardano?

– Veramente no, Sire, anche se mi è stato ordinato di farlo. Però non mi viene molta voglia di...

Mi sono accorto solo in quel momento che mio padre e Gourgoud avevano gli occhi fuori dalle orbite, ma era ormai troppo tardi: il guaio l'avevo già combinato. Gourgoud si stava mettendo le mani nei capelli, forse per controllare l'impulso di buttarmi in mare. Potevo solo sperare che Napoleone non avesse fatto caso alle mie parole. Speranza delusa.

– Ah, dunque è così. Non trovi interessanti i libri che hanno per argomento Napoleone Bonaparte? Allora, hai detto una bugia: non è vero che l'hai letto su un libro.

Cominciavo a sentirmi proprio come quando La Roche scorre in su e in giù il registro per decidere chi saranno le vittime della giornata e io so di non essere preparato. Ho cercato di farmi venire in mente una qualche scusa, ma non mi è venuta uno straccio di idea nemmeno a pagarla. E allora mi sono rassegnato a essere sincero: – Non era una bugia, Sire. L'ho davvero letto su un libro, anche se per caso: lo stavo sfogliando e mi è caduto l'occhio su questa frase *Come dice sempre l'Imperatore, agli uomini bastano quattro ore di sonno, alle donne cinque, solo agli imbecilli sei...* Allora l'ho chiuso e l'ho messo via.

– E perché?

– Perché io dormo almeno otto ore, quando vado a scuola. E durante le vacanze, anche di più. Perciò rientro nella categoria degli imbecilli. Questo... beh, mi ha dato un po' fastidio.

C'è stato un attimo di calma assoluta, come quella che precede l'arrivo di un uragano. Ho sentito i denti di Gourgoud stridere gli uni contro gli altri, nel tentativo disperato di controllare la rabbia. Aspettavo l'esplosione da un momento all'altro.

E difatti c'è stata. Ma per fortuna si è trattato solo di una sonora risata: quella di Napoleone Bonaparte. Sissignori, lui. Per la prima volta da quando ci siamo imbarcati, l'ho sentito ridere. E di cuore, anche.

– Bene, giovanotto. Certo non ti si può accusare di essere un adulatore. E neppure un bugiardo. Questo ti rende ai miei occhi un ragazzo più interessante della media. Franchezza per franchezza, i ragazzi della tua età spesso mi annoiano:

non sono né carne né pesce. Anzi peggio: a volte sono dei bambocci piagnucolosi, che cercano la mamma, quando non ce l'hanno a fianco. Spero che tu non rientri in quella categoria.

Non sapevo se si fosse interrotto per sollecitare una risposta o solo per riprendere fiato. Il guaio, con certi adulti, è che qualunque cosa fai, rischia di essere quella sbagliata. Con gli imperatori, poi, non ho nessuna dimestichezza. Mi è venuto in mente il mio infantile pianto in carrozza, davanti alla Malmaison, perché avevo sete, fame e mi mancava Sophie. Vuoi vedere che qualcuno mi aveva visto e glielo aveva riferito? Ma no, impossibile: nessuno badava mai a me neppure sulla nave, figurarsi in città. Comunque, nel dubbio, sono stato zitto e ho fatto bene perché l'Imperatore ha aggiunto: – Se siamo certi che tu non appartieni a quel gruppo, una volta ti inviterò nella mia cabina e risponderò alla tua domanda. E ora, arrivederci.

E, così dicendo, mi ha teso la mano, la quale è rimasta sospesa per qualche secondo, prima che io decidessi cosa fare.

Si può toccare un Imperatore e stringergli la mano o Gourgoud, il cui fiato mi era proprio sul collo, l'avrebbe giudicato un atto irriverente? E si fa anche un inchino o quello lo fanno soltanto le donne? Che confusione!

Insomma, alla fine ne è venuta fuori una cosa pasticciata, una via di mezzo tra un goffo inchino e una impacciata stretta di mano, timida e incerta. Accidenti a me! Uno sogna per tutta la vita di incontrare un grande personaggio e, quando questo accade, guarda che figura miserevole!

Visto che non mi decido a mettere mano agli studi su Napoleone, mio padre ha smesso di insistere e mi ha messo al lavoro. In questi ultimi giorni, sembra che all'Imperatore sia esplosa una incontrollabile mania di scrivere. Sta scrivendo a tutti: al Re d'Inghilterra, al Primo Ministro, all'Ammiraglio Keith, che comanda alcuni porti inglesi, ai giornali. Secondo mio padre, scrive perché è molto deluso e amareggiato per la piega che hanno preso gli eventi. Ora che siamo arrivati in Inghilterra, si è convinto di essere caduto in una trappola e, dunque, intende protestare e far sentire le sue ragioni. Mio padre, l'unico che conosca l'inglese, è impegnatissimo a tradurre i messaggi di Napoleone. E il mio compito sarebbe quello di ricopiarli in bella, un modo per impiegare in modo utile il mio tempo.

– Non vorrei fare errori, padre – ho provato a scantonare, prendendo a pretesto la mia scarsa conoscenza dell'inglese.

– Sono certo che non ne farai, oppure te ne assumerai la responsabilità davanti all'Imperatore e al generale Gourgoud, che, come hai visto, non è un tipo tenero.

Insomma, mi è toccato lavorare e non ho neppure potuto lamentarmi, perché sulla nave non tira affatto una bella aria.

Gourgoud, da quando siamo approdati a Torquay, sulla costa inglese, non fa altro che scendere a terra e riportare a bordo bracciate di giornali di ogni tipo. Poi chiama mio padre e, assieme, si immergono nella lettura. Gourgoud, ogni tanto, sbatte con violenza il pugno sul tavolo, oppure afferra un giornale e lo agita fra le mani, come se quei fogli di carta fossero responsabili delle notizie che riportano.

– Ma non è possibile, non è possibile! Questi Inglesi sono dei barbari, gente senza dignità. Traditori! Siamo finiti nella tana del lupo! Ma voi siete certo, Las Cases, di avere tradotto bene?

– Certo, generale. Non c'è nessuna possibilità di equivoco. D'altro canto, il nome Sant'Elena non ha bisogno di nessuna traduzione. Leggete qui, questo titolone: *Ormai è deciso: sarà mandato a Sant'Elena*. Vi sembra che possa aver fatto errori di traduzione?

– Allora dobbiamo reagire. Questa è una vergogna, Napoleone non può piegare la testa. Lo hanno tradito...

Mio padre è abbattuto quanto il generale, forse di più. Si sente responsabile di ciò che sta accadendo, perché è stato fra coloro che con maggiore insistenza hanno suggerito all'Imperatore di fidarsi degli Inglesi.

– Credevo di conoscere bene questa gente. Invece mi sono sbagliato. Lo hanno attirato in una trappola. Hanno fatto in modo che arrivasse in Inghilterra con promesse di ospitalità e ora vogliono sbatterlo in una delle loro prigioni o, peggio ancora, su uno scoglio sperduto in mezzo all'oceano.

Anche Ben sostiene che Sant'Elena è quasi peggio di una prigione in Inghilterra, perché dal carcere puoi scappare e, in un attimo, raggiungere la Francia, ma come fai a fuggire da un'isola sperduta, esclusa da tutte le rotte marine?

Nessuno dell'equipaggio si aspettava il comportamento tenuto dal Governo inglese.

– *Belive me, Manny! Do you belive me?* –. Credimi, Manny! Continua a ripetermi Ben, sinceramente amareggiato.

E non è l'unico. Il capitano Maitland è imbarazzatissimo. Non ha neppure il coraggio di guardare in faccia l'Imperatore. Ha paura che lo consideri complice del Governo, che lo sospetti di essere stato gentile solo per convincerlo a imbarcarsi sul *Bellerofonte*, ben sapendo cosa sarebbe successo una volta che fosse giunto in Inghilterra.

Invece, secondo Ben, Maitland davvero non sapeva nulla di quello che bolliva in pentola ed è stato usato per fare da esca alla trappola che i governanti stavano preparando.

Per quello che posso capire, a me pare che il Governo inglese sia l'unico ad avercela con Napoleone, perché la gente comune sembra pensarla come il capitano Maitland, Ben e l'equipaggio del *Bellerofonte.*

Quando siamo approdati nella baia di Torquay, per esempio, nel porto vi era un'eccitazione, un clima di festa che non mi sarei mai aspettato. Nella rada c'era una distesa di imbarcazioni di ogni genere, cariche di una folla straripante di persone che si accalcavano le une sulle altre nella speranza di poter vedere per un momento Napoleone Bonaparte in carne e ossa. All'inizio ho pensato che volessero insultarlo, deriderlo, prendersi una rivincita sul grande nemico finalmente sconfitto e umiliato. E invece, ogni volta che l'Imperatore si mostrava fuori dalla cabina, tutt'intorno si levavano grida di ammirazione, un tripudio di festa che si alzava da tutta la baia. La gente salutava con le mani, agitava fazzoletti, urlava:

– *Bonay, Bonay, please, look here, look here!* –. Guarda qui! – *Bonay, Bonay, we want to see you!* –. Vogliamo vederti! Le signorine lanciavano gridolini di gioia e gli mandavano baci con le mani. Qualcuna è persino svenuta.

Anche di notte la gente è rimasta nella baia. Qualche imbarcazione ha chiesto il permesso di avvicinarsi e lasciare un dono: cesti di frutta, dolci, cacciagione...

Ben dice che il nomignolo *Bonay* non è affatto irriverente, anzi: – È un segno di affetto. Se gli Inglesi non avessero simpatia, lo chiamerebbero *Mister Bonaparte*, non *Bonay*, come uno di famiglia. Sono solo i governanti che si comportano male. Io proprio non capisco il motivo.

Ho chiesto a Gourgoud come mai, secondo lui, la gente sembra amare l'Imperatore, mentre il Governo lo odia.

– Perché lo teme – mi ha risposto lui. – Sa benissimo che gode sempre di un favore immenso, che migliaia di giovani accorrerebbero a un suo cenno, pronti a farsi ammazzare. Gli Inglesi hanno una fifa tremenda, pensano che potrebbe rimettere in piedi un esercito in meno di un mese...

– E voi pensate che sia davvero così?

Gourgoud ha esitato un attimo prima di rispondere. – Sì, io non ho alcun dubbio che potrebbe essere così, se lui lo volesse. Però temo che lui non voglia. In questo momento, è molto demoralizzato, si sente un uomo finito. Se poi dovessero davvero mandarlo a Sant'Elena, sarà anche peggio. Uno come lui, incapace di stare fermo, cosa potrebbe fare, tutto il giorno su uno scoglio circondato dall'oceano? Come passerebbe il tempo? Passeggiando? Leggendo? –. Ha scosso la testa. – No. Sarebbe proprio la peggiore di tutte le punizioni.

– All'Imperatore non piace leggere? – ho chiesto.

– Credo di sì... ma non basterebbe –. Poi, con un sospiro, mi ha dato una affettuosa pacca sulla spalla ed è andato via.

Napoleone ama leggere. Ne ho avuto la conferma ieri sera, quando gli ho portato un libro che aveva chiesto a mio padre. Ho bussato con discrezione alla porta, in preda a una forte emozione. Una volta dentro, mi ha guardato un momento, ma senza particolare interesse. Sembrava non ricordarsi di me.

– E tu chi sei? – mi ha chiesto, con una certa freddezza.

– Mi chiamo Emanuele Las Cases, Sire. Ci siamo incontrati qualche sera fa. Ero con mio padre e il generale Gourgoud.

– Ah, adesso ricordo. sei il ragazzo che

detesta i libri che hanno per argomento la mia persona.

Sono arrossito ma non ho detto nulla.

– Mi hai portato il volume che avevo chiesto? Bravo, mettilo lì, sul comodino – e poi ha aggiunto: – Perché trovi noiosi i libri che parlano di me? Non ti sembro un soggetto interessante?

– Oh, no, Sire, non è questo. È l'argomento, che non mi attrae. Parlano solo di campagne militari, battaglie e strategia. A me piacerebbe leggere della vostra infanzia, di quando voi avevate la mia età.

Mentre parlavo, Napoleone si è voltato verso il suo scrittoio e ha versato del liquido in una tazza.

– Ne gradisci un po'? È vero tè inglese. Qui ne vanno matti. Coraggio, non essere timido. Mettici una zolletta di zucchero e del latte, come fanno gli Inglesi. Ci sono anche dei biscotti... Cosa stavamo dicendo? Ah sì, la mia infanzia. Che cosa ti piacerebbe sapere? Cosa volevo fare da grande? Se a scuola ero bravo? O preferisci che ti racconti del mio primo amore? Ce l'hai già, la fidanzata?

Quella domanda inattesa, così a bruciapelo, mi ha fatto diventare rosso come un pomodoro.

– Oh no, Sire – ho farfugliato.

– Neppure una ragazza che ti piace un po'?

– Beh... forse.

– Non c'è bisogno di arrossire. È naturale che ci sia. Anche a me è successo, proprio alla tua età, di innamorarmi per la prima volta. Non mi chiedi come si chiamava? Hai detto che ti interessa conoscere la mia infanzia.

Sebbene il discorso mi sembrasse imbarazzante, mi incuriosiva sapere quale tipo di ragazza avesse conquistato il cuore di Napoleone, se anche a lui capitava quello che succede a me quando incontro Christine... che divento così timido da non trovare neppure il coraggio di salutarla. Ma naturalmente questo vale solo per le persone normali, non certo per Napoleone!

– Sì, Sire, mi interessa moltissimo. Tanto più che io sono un po' impacciato con le ragazze che mi piacciono e faccio sempre delle gran brutte figure. Immagino che questo a voi non capitasse.

– Capisco cosa intendi. Tu sei il tipo timido, quello che, fino a quando è lontano dalla fanciulla dei suoi sogni, si ripete all'infinito le belle parole che le sussurrerà. Poi, quando se la ritrova di fronte, fugge a gambe levate. È così?

– Proprio così, Sire. Ma voi come fate a saperlo?

– Lo intuisco. Ho un po' di esperienza più di te, ti pare? Ah, ma non devi preoccuparti. In fondo, alle ragazze non dispiace, il tipo timido. Io però ero molto diverso. Alla tua età, ero prepotente, turbolento, aggressivo. Anche da bambino. Mia madre si lamentava che ero un vero selvaggio. Per questo, il mio comportamento con le ragazze è stato spesso sfrontato, quasi insolente. E la prima ragazza di cui mi sono innamorato, all'inizio mi detestava proprio per questo mio modo di fare. Ce ne ho messo di tempo, per farle cambiare idea.

– Davvero? E come avete fatto a fargliela cambiare? Oh scusate, Sire. Il generale Gourgoud mi direbbe che non si rivolgono domande all'Imperatore. Però, se ci fosse un libro che raccontasse queste cose, non dovrei chiederle a voi, e lo leggerei molto volentieri. Anche se vi ho dato un'impressione diversa, io amo leggere.

– Davvero?

– Sì, mi piace molto. In questo somiglio a mio padre.

– Anch'io ho sempre amato leggere, fin da bambino. Pensa che a otto, nove anni, avevo una passione per testi che di solito vengono considerati troppo difficili per quell'età.

«Tanto per fare il modesto» ho pensato fra me e me. «Chissà cosa avrà letto mai...»

– Per esempio, gli storici greci – ha continuato lui – Li divoravo, come fossero favole, seduto sotto un albero di pino, quando ancora vivevo in Corsica. Avevo solo otto anni –. Già sottolineato! – In collegio, poi, erano il mio unico conforto. Sono opere che parlano di guerra, eroismo, sacrificio. Li adoravo. Ciò nonostante, non sono mai stato bravo nella composizione... tuttavia avevo delle ottime giustificazioni.

Ah ecco, mi pareva che dovesse esserci un motivo. Era impensabile che Napoleone fosse un somaro solo perché, come tutti gli altri, non era portato per qualche disciplina. Mi sarebbe proprio piaciuto chiedergli: «E quali sarebbero queste giustificazioni, Sire?» Ma, come insegna Gourgoud, all'Imperatore non si fanno domande, soprattutto se sono sciocche.

– Invece è la materia in cui io riesco meglio – ho ripetuto. E intanto pensavo: «Ben ti sta!». – Prendo sempre voti molto alti. Da grande vorrei fare lo scrittore, come mio padre.

– Lo scrittore? Non il soldato? Non ti piace combattere?

Anche lui come Gourgoud. Il mestiere di scrittore decisamente non gode di molti favori presso gli uomini d'arme.

– Se c'è da combattere per il mio Paese, sono pronto. Ma se devo scegliere, preferisco scrivere.

– Non mi somigli proprio. Da bambino, non ricordo di aver mai giocato ad altro se non alla guerra. E la cosa buffa è che mi piaceva giocare da solo. Strano, vero? Non amavo affatto la compagnia dei miei coetanei. Giocavo con gli alberi del mio giardino: erano loro il mio esercito... Ridi? Sì, è buffo. Io ero il generale, due grandi querce erano i primi ufficiali, dei giovani lecci erano la cavalleria, i pini erano la fanteria, e degli ulivi vecchi e contorti costituivano le truppe di riserva, chiamate in combattimento solo quando la battaglia prendeva una piega disperata.

Vedevo i lineamenti del suo viso abbandonare a poco a poco l'espressione burbera e distendersi in un sorriso.

– Insomma siete sempre stato un grande generale, anche da bambino.

– Già. Però non è di questo che stavamo parlando, ma del mio primo amore. Che cosa volevi sapere?

– Beh, Sire, mi piacerebbe conoscere la vostra *tattica* per conquistare le ragazze. Chissà che non riesca a metterla in pratica anch'io.

– Mmm, non credo, ognuno ha il suo temperamento... Comunque la prima volta che mi sono innamorato, come ti ho detto, avevo proprio la tua età. Frequentavo il collegio militare di Brienne, un luogo in cui sono stato molto infelice. Mi sentivo disprezzato, emarginato, trattato come un essere inferiore.

Emarginato, disprezzato, trattato come un essere inferiore, lui? Napoleone Bonaparte? Ma senti questa...

– Ero spesso di cattivo umore, litigavo in continuazione, bastava pochissimo per farmi scattare: un'allusione alle mie origini, un apprezzamento scortese alla mia terra e subito prendevo fuoco. Per questo, ero in pessimi rapporti con quasi tutti i miei compagni, tranne forse un paio. Uno di questi una sera mi ha invitato ad andare in casa di una sua parente, un'anziana signora. Ero di umore nero, quella sera, figurarsi se mi andava di passare il tempo con una vecchia dama. No, grazie, rispondo. Ma lui insiste... Insomma, per farla breve, alla fine, mugugnando e brontolando, mi lascio convincere. Era destino. Quando siamo arrivati, un maggiordomo impettito ci ha fatto accomodare in un salotto e lì abbiamo atteso un bel po'. Poi la porta si apre e appare l'anziana signora. Non è sola. Tiene per mano una ragazzina... incantevole! La guardo rapito e penso che non ho mai visto nulla di così perfetto. Il cuore comincia a martellarmi nel petto all'impazzata. Era esile come lo stelo di un fiore, bionda, i lineamenti delicati e aristocratici, due enormi occhi dell'azzurro più limpido che avessi mai visto. Mi sentivo mancare il respiro, svenire. Hai avuto anche tu gli stessi sintomi, la prima volta che ha incontrato la ragazza dei tuoi sogni?

– Io, per la verità, li ho ogni volta che la vedo. Ma io sono un tipo timido, mi avete detto.

– Oh, ma a me è successa la stessa cosa! Non sentivo nulla, né il mio amico che mi presentava alla signora e alla signorina (si chiamava Angela de Cortenay ed era la nipote della padrona di casa), né i loro educati convenevoli, ai quali non ho risposto. E questa è stata la prima grave scortesia agli occhi della fanciulla. La seconda è stata che ho preso a fissarla e non ho più smesso, per tutta la serata. Gli altri parlavano e io ascoltavo distrattamente, perché continuavo a tenere gli occhi fissi nel volto di Angela. Da quando avevo lasciato la Corsica, non mi ero mai sentito così felice. Erano scomparsi i dispiaceri, la nostalgia di casa... Non c'era più nulla, se non questa fanciulla stupenda a un passo da me. E invece, mentre io spasimavo d'amore per lei, la bella Angela si stava chiedendo chi fosse quel maleducato. E lo stesso faceva sua nonna.

– Beh, forse non aveva tutti i torti, Sire. Si sarà sentita in imbarazzo, a sentirsi osservata in quel modo per chissà quanto tempo.

– Tutta la sera. Sì, capisco che il mio comportamento dovesse sembrarle per lo meno stravagante. Ma, come ti ho detto, non ero più padrone delle mie reazioni. Ricordo che non feci una piega neppure di fronte a un acido commento della nonna quando seppe che ero corso... d'altro canto, se volevo avere qualche speranza di rivedere Angela, non potevo certo essere scortese con la nonna.

– Pensavate di rivederla, dunque?

– Non solo, volevo avere il permesso di farle visita. E non era una cosa facile: avevo fatto una pessima impressione.

– E allora?

– E allora... quando vuoi qualcosa con tutte le tue forze, devi fare in modo di ottenerla. Devi lottare. E io ho lottato, come sempre.

– Ci siete riuscito?

– Naturale, che ci sono riuscito. Però ho dovuto promettere al mio amico di passargli i compiti di matematica.

– Eravate bravo, in matematica?

– Bravissimo. Gli dissi: «Io ti aiuto, ma tu devi fare una cosa per me. Quando passeggiamo in giardino, devi chiacchierare con la signora e allontanarla il più possibile dalla nipote».

– Ah! Che furbo, Sire.

– Eh sì... Comunque l'alleanza funzionò, tanto che io, dopo un mese, riuscii a fare una dichiarazione in piena regola alla fanciulla. Quanto sono stato felice in quei due mesi. Mi sembrava che lei profumasse del mare della Corsica. Persino il collegio di Brienne diventò più sopportabile. Se avessi potuto scegliere, sarei andato avanti all'infinito ad amare Angela de Cortenay...

– E invece?

– Purtroppo l'anno scolastico stava per terminare e fui proposto per la scuola dei Cadetti Gentiluomini presso la Scuola Militare di Parigi. Questo significò la partenza, l'addio a Brienne e ad Angela de Cortenay.

– Ma come? L'avete abbandonata dopo quello che c'era stato fra voi?

– Oh, non fare il melodrammatico... Era un amore fra ragazzini.

– Ma le avrete spezzato il cuore!

Napoleone si è fatto una bella risata, a questo punto, chissà perché. – Sì, decisamente sarai un eccellente scrittore – ha commentato. – Suvvia, scherzavo... Pensi che il mio cuore non si sia spezzato, all'idea di lasciarla? È stato terribile. L'ultimo giorno in cui ci siamo incontrati le ho sussurrato: «Ti amerò per tutta la vita, ricordalo sempre». E sono fuggito, senza voltarmi più indietro.

– Oh, Sire, che bella storia! Vi siete più rivisti?

– No, mai più.

– E avete sofferto molto?

– Oh, i primi tempi moltissimo. Ma negli anni seguenti, sono accadute tante cose. C'era la scuola, lo studio. Poi, è scoppiata la Rivoluzione e siamo diventati tutti adulti molto in fretta.

Sembrava che l'Imperatore fosse tornato di nuovo triste. Anch'io lo ero, come quando arrivi all'ultima pagina di un romanzo bellissimo, e ti dispiace che sia finito. Non sapevo cosa fare e mi stavo chiedendo se non fosse il caso di lasciarlo solo. Ma lui ha bruscamente cambiato argomento.

– E tu, sei bravo in matematica? – mi ha chiesto.

Ho esitato un attimo, chiedendomi cosa c'entrasse quella domanda con il resto della nostra conversazione. – In matematica? Beh, faccio parecchia fatica, a dir la verità. Soprattutto non mi applico, dice il mio professore. Il fatto è che non mi interessa molto.

– Allora fai bene a fare lo scrittore. Non potresti mai diventare un bravo generale, un grande stratega, come Alessandro Magno o Cesare. Per vincere le battaglie, occorre essere bravissimi in matematica, sai?

– Davvero, Sire? È per via della matematica che voi lo siete diventato?

– Mi ha aiutato molto, senza dubbio. In matematica non mi batteva nessuno. Ero indiscutibilmente il primo della classe. Il latino, invece, era uno scoglio insuperabile. Per non parlare del francese.

Che disastro! D'altro canto, io non ero un Francese, ero, anzi sono, un Corso.

– Nessuno lo ricorda più, Sire.

– Cosa intendi dire, con questo? Che essere corsi è una macchia che va cancellata?

Credo di essere diventato paonazzo. Andava tutto così bene, era stato così bello ascoltare il racconto del suo primo amore, e ora stavo rovinando tutto. Ho cominciato a balbettare. – Oh, no, Sire. Voi... Io... non intendevo affatto dire questo. Perdonatemi, Sire.

– Vai, adesso. Vai pure.

– Siete in collera con me, Sire?

– No. Puoi tornare a trovarmi, se vuoi. Chiacchiereremo ancora un po', se ti fa piacere.

– Oh, certamente, Sire, grazie... Chissà quante cose potrei imparare da voi.

Non ha risposto. Solo, con un cenno della mano, mi ha congedato.

Le signore Bertrand e Montholon, non appena è stato ufficialmente confermato per l'Imperatore l'esilio a Sant'Elena, dove i loro mariti erano decisi a seguirlo a qualsiasi costo, hanno cominciato a dare in escandescenze.

La più agitata era Madame Bertrand, che ha minacciato di gettarsi dalla nave, se suo marito non le avesse giurato di non trascinarla in quel luogo sperduto.

Bertrand ha cercato con dolcezza di farla ragionare. – Su, su, *chérie*... non fate così, vi prego... Che figura mi fate fare? La moglie di un generale francese che si comporta in questo modo sotto gli occhi degli Inglesi... E poi, ascoltatemi, *chérie*, voi non lo sapete ancora, ma la realtà che ci aspetta non è così male. L'isola è piccola, è vero, ma mi hanno detto che è bellissima, molto verdeggiante. Con un clima favorevolissimo. Vi regna una eterna primavera, la temperatura non scende mai sotto i venti gradi in inverno e non sale mai sopra i venticinque in estate. Non è una vera delizia? E poi, una pace, un silenzio... Pensate, *chérie*, avrete intorno a voi soltanto mare, sole e colline verdeggianti. Non è meraviglioso?

Ma le dolci visioni evocate dal marito, invece di calmare Madame Bertrand, sembra l'abbiano esasperata ancora di più, perché ha preso a piangere e gridare, battendo i piedi sul ponte.

– Oh, è terribile! Terribile! Ci abiteranno solo indigeni selvaggi, lo sento...

Non capisco perché Napoleone non cancelli Bertrand e Montholon dalla lista degli ufficiali che potranno seguirlo a Sant'Elena. In fondo, se ho ben capito, il Governo inglese gli ha comunicato che potranno accompagnarlo non più di tre ufficiali, mentre qui ce ne sono una decina. Perché non si libera proprio di quei due? L'ho chiesto a Gourgoud ma lui mi ha spiegato che è impossibile.

– Noi tre, Bertrand, Montholon e io, formiamo con l'Imperatore il gruppo più affiatato. Siamo sempre stati insieme. Napoleone non confesserebbe mai di preferire noi, per non fare un torto agli altri, ma se deve scegliere...

– Ma allora, se solo voi tre seguirete l'Imperatore, mio padre verrà escluso... e quindi anch'io. Non è così, generale Gourgoud?

Lui deve aver percepito la nota di delusione nella mia voce e mi ha ruvidamente accarezzato la nuca: – Può essere. Se non riusciamo a inventarci qualcosa... Ti dispiacerebbe?

– Sì, mi dispiacerebbe. Cominciavo a sentirmi anch'io parte del gruppo... e poi, la mia bella avventura che finisce proprio quando cominciavo a prenderci gusto...

– Molto dipenderà da tuo padre. È stato mandato dall'Imperatore a trattare con Lord Keith per cercare di attenuare le vergognose condizioni che ci sono state imposte dal Governo inglese... Le hai lette?

– Nossignore.

– Beh, sono la cosa più umiliante che mai mi sia toccato sentire. Non riesco proprio a sopportare che lo trattino in quel modo.

– Potete esporle anche a me, generale?

– Scherzi, ragazzo? Vuoi farmi montare il sangue alla testa? –. E, così dicendo, ha messo la mano sull'impugnatura della spada e ha continuato a stringerla e a scuoterla. – Ah, ma se le cose non cambiano, finirà male, vedrai. È meglio battersi e morire con onore, che accettare quelle miserabili condizioni...

Gourgoud era del suo umore peggiore.

Ho inventato un pretesto e sono sgattaiolato via per andare da Ben, il quale è risultato ben informato anche su un tema così riservato. Lui era persino più amareggiato e furioso di Gourgoud, mentre raccontava. Continuava a ripetermi: – *It is shameful!* È una vergogna... *I am sorry, Manny*, mi dispiace!

Ha voluto che gli giurassi che non ce l'ho con lui, che non lo odio per quello che il Governo del suo paese sta facendo a Napoleone e che noi due resteremo sempre amici. L'ho fatto e gli ho anche promesso di scrivergli, sperando che il mio inglese mi consenta di farlo (devo dire che ho fatto molti progressi, a furia di chiacchierare con Ben).

Insomma, lui sostiene che la faccenda di portare solo tre ufficiali e rimandare a casa gli altri è la meno grave. Ci sono cose ben peggiori. Innanzi tutto, Napoleone non potrà mai più lasciare Sant'Elena e lo stesso dovranno fare gli ufficiali che lo accompagneranno, salvo essere espulsi per qualche motivo dal Governo inglese. L'Imperatore non potrà mai più tornare in Francia, né rivedere alcuno dei suoi familiari. Sarà trasferito a Sant'Elena con una nave molto più grande e attrezzata del *Bellerofonte*, forse il *Northumberland*. Ci sarà anche un nuovo comandante e un nuovo equipaggio, perché Maitland e i marinai del *Bellerofonte* sono considerati troppo deboli e rispettosi dell'Imperatore. Infine, la cosa peggiore di tutte sembra essere che, prima di imbarcarsi sul *Northumberland*, tutti i Francesi, compreso l'Imperatore, saranno perquisiti e verrà loro sequestrato il denaro.

– E perché? – ho chiesto io. – Quello è nostro! Ce lo siamo portati dalla Francia.

– Sì, ma loro pensano che, se Napoleone o i suoi ufficiali hanno tanti soldi, li useranno per pagarsi la fuga da Sant'Elena, capisci? Il Governo inglese è terrorizzato all'idea che lui possa fare di nuovo quello che ha fatto all'Elba... E non è ancora finita, Manny... Oh, *I am so sorry*...

– Cosa c'è ancora?

– Ehm... disarmeranno tutti gli ufficiali e anche Napoleone.

– Perché lo fanno? Non penseranno mica che le spade di un pugno di soldati, per quanto valorosi, siano sufficienti a far fuggire Napoleone?

– Si vede che non sei un militare – mi ha risposto Ben. – Togliere la spada a un ufficiale è più che altro un modo per insultarlo, capisci? Per umiliare il nemico sconfitto. Tutti sanno che preferirebbe morire, piuttosto.

Adesso comprendevo la rabbia di Gourgoud, che soffre molto più per Napoleone che per sé. E devo ammettere che ci sono ragioni più che sufficienti per giustificare tutto questo nervosismo e malumore. Speriamo che la missione affidata a mio padre abbia successo.

È tornato, ma la sua faccia non promette nulla di buono. Si riunisce con gli altri e per un bel pezzo il lume nella cabina dell'Imperatore rimane acceso. Arriva la sera e nessuno sembra aver voglia di cenare. Io qualcosa mangerei, ma credo che nessuno penserà a me. Così decido di andarmene fra i marinai, dove qualcosa si rimedia sempre. Però la porta della cabina di Napoleone all'improvviso si apre e tutti gli ufficiali escono e si allontanano. Non vedo mio padre, così cerco di intercettare Gourgoud.

– Come è andata, generale?

– Stammi alla larga, ragazzo. Non è il momento.

Bruttissimo segno. Finalmente vedo mio padre. Decido di provare con lui: – Cenate con me, padre?

– Cenare? Ah, non è proprio il momento.

Niente da fare. Stasera non si mangia. È evidente che la sua missione non è andata bene. Chissà quanto tempo passerà prima di sapere qualcosa... Domani mattina andrò a cercare Ben: lui è sempre informatissimo.

Dalla cabina dell'Imperatore esce per ultimo il generale Planet de la Faye. Napoleone non vuole cenare. Andrà a letto, ma prima chiede che qualcuno gli tenga un poco di compagnia e gli legga qualcosa.

– Preferirebbe che non fosse uno di noi – afferma, guardandomi con intenzione. – Siamo di umore troppo lugubre, questa sera.

Io alzo il viso a guardare le stelle e faccio finta di essere impegnatissimo in questa operazione. Ma lui non molla: – Forse il più adatto sei tu, ragazzo.

«Perché proprio io?» vorrei chiedergli. Ma mi limito a pensarlo. Lui, però, mi legge nel pensiero.

– Sei il più sereno. Forse lo distrarrai un po'. Che ne dici?

Vorrei poter rispondere di no. Napoleone questa sera è di pessimo umore. E se poi se la prende con me? Però non ho scelta. Planet mi fissa con impazienza, come dire: «Ehi, moccioso, invece di fare salti di gioia per l'onore che ti viene accordato, stai anche a fare il difficile?».

D'accordo. Planet non è Gourgoud, sembra un tipo più calmo e pacifico, ma non puoi mai dire con questi generali, sono sempre molto permalosi. E così accetto.

Quando entro nella stanza, non lo vedo, ma sento la voce da dietro una cortina. Non mi saluta.

– Sul tavolino alla tua sinistra vi è un libro. Prendilo – mi ordina in modo brusco – È di uno storico greco. Ho già avuto occasione di dirti che gli storici greci sono fra i miei autori preferiti. Te lo ricordi o te ne sei già dimenticato?

Altroché, se me lo ricordavo.

– Certamente, Sire – replico – Leggevate i loro libri fin da quando avevate otto anni.

Giuro che nelle mie parole non c'è la minima traccia di ironia. Ma lui ce la vede.

– Il tuo tono acido lascia intendere che non mi credi. Pensi che io sia un millantatore... uno che ama vantarsi e mettersi in mostra. È così?

Lo dicevo io, che era nervoso e che se la sarebbe presa con me. E bravi, questi generali: fanno tanto i gradassi quando tutto va bene ma poi, quando il capo è nervoso, se la battono in ritirata e lasciano nei guai i poveretti come me. Ho una voglia matta di replicare: «Esatto, Sire... penso proprio che vi piaccia mettervi in mostra. Sophie, di uno come voi, direbbe che "ama fare il di più"». Invece, con una certa vigliaccheria, mi scuso: – Ma no, Sire, ci mancherebbe altro. Non avevo nessuna intenzione di...

– Ricordati di essere sincero con me, chiaro? La prima sera che ci siamo incontrati, mi sei piaciuto proprio perché non mi hai detto bugie... Detesto i bugiardi e gli adulatori. Ti rifaccio la domanda: pensi che io sia uno che ama vantarsi?

Non sarei mai dovuto venire qui, questa sera, avrei dovuto dire a Planet: «Senta, generale, se la veda lei, io ho un gran mal di pancia». Il che, fra le altre cose, è assolutamente vero. Non mi fanno mangiare su questa nave e, per giunta, mi gettano in pasto a Napoleone, proprio quando è di cattivo umore.

Ci penso un po' su prima di rispondere nel modo più sincero ma anche più evasivo che riesco a trovare: – Forse non lo fate apposta, Sire...

Poi sto lì, tutto tremante, ad aspettare la reazione. Ma lui, come spesso fa, cambia bruscamente argomento: – Ora leggimi Plutarco.

Quando termino la lettura, Napoleone rimane in silenzio per parecchio tempo, tanto che sospetto si sia addormentato. Forse dovrei alzarmi e andare via, ma non oso farlo senza il suo permesso. Lui però non dorme e, quando parla, il suo tono brusco mi fa sobbalzare. – Ti sei addormentato?

– No, sire. Aspettavo che mi ordinaste di andare via.

– Voglio chiederti una cosa, prima... Pensi che tuo padre accetterebbe di seguirmi a Sant'Elena, se glielo chiedessi?

– Sono certo di sì, Sire.

– E tu? Cosa faresti, tu?

– Se voi me lo permetteste e mio padre fosse d'accordo, vorrei seguirvi, Sire.

– È fuori discussione. Intanto c'è la scuola. E poi, te l'ho spiegato, i ragazzi della tua età, qualche volta diventano piagnucolosi, frignano e hanno bisogno della mamma.

Resto male, a queste parole, e mi sento offeso. Con un tono che deve suonare un po' infastidito, gli domando: – A voi non è mai capitato di frignare, alla mia età, Sire?

– Non fare l'offeso, non ho detto che tu sia uno di quelli. Quanto a me... Frignare, io? Se anche fosse, avevo più di una ragione.

Figurarsi se lui non ha tutte le giustificazioni!

– A nove anni. Hai capito bene? Nove anni. Ho lasciato tutto: mia madre, i fratelli, le sorelle, la casa. E soprattutto, la Corsica! Hai mai visto la Corsica?

– No, Sire.

– Allora non puoi capire cosa significhi per un bambino corso essere strappato al suo paese... le scorribande sulle scogliere, lo spettacolo del mare, i profumi della macchia... Io ho perso tutto questo a nove anni. Avevo quell'età, quando mio padre mi ha portato in Francia. Odiavo la Francia, allora.

Detestavo tutti voi sciocchi, prepotenti, boriosi Francesi. È colpa vostra se oggi mi seppelliscono in una tomba in mezzo all'oceano! –. E, in un impeto di rabbia, fa volare via dalla tavola un bicchiere. Quello descrive una breve traiettoria e si infrange rumorosamente contro la parete della stanza.

Non dico nulla, tanto Napoleone non sta parlando a me, forse neppure si ricorda che sono in questa stanza. Infatti appena si ricorda di me, è anche peggio:

– Va' via, ragazzo. Cosa ci fai ancora qui? Non vedi che sono stanco... Avanti, sparisci.

Bel ringraziamento. Che nessuno si

permetta più di mandarmi a intrattenere l'Imperatore, quando è di questo umore. Se lo sorbiscano i suoi generali. Dovranno pur meritarsi tutti i nastrini e le cordicelle dorate che hanno sulle loro divise.

Ma prima che la porta si richiuda, mi chiama, si avvicina e mi mette una mano sulla spalla:

– Grazie di avermi sopportato questa sera. Lo considero un gesto da vero amico.

Abbiamo lasciato il porto di Torquay e siamo approdati in quello di Porthsmouth. Non sono passate che poche ore dall'arrivo, quando la sagoma scura di un grosso veliero appare all'orizzonte e si avvicina rapidamente al *Bellerofonte*. È proprio il *Northumberland*.

Io e Ben siamo vicini, appoggiati contro il parapetto della nave, a osservarla mentre spiega le grandi vele al vento e scivola silenziosa sul mare, sollevando onde e spruzzi e lasciandosi dietro una lunga scia di spuma bianca.

A un certo punto, Ben mi stringe la mano. Il momento della separazione può essere davvero molto vicino. È quasi certo che io e mio padre seguiremo l'Imperatore. Non si sa ancora se questo costerà il posto a uno dei tre ufficiali oppure se potremo aggiungerci a loro senza eliminare nessuno. Infatti mio padre è riuscito a escogitare un "cavillo giuridico" (si chiama così) su cui sta facendo una dura trattativa con Lord Keith. Secondo lui, gli ordini di Sua Maestà parlano di un massimo di tre ufficiali, ma non pongono alcun limite ai civili, tanto è vero che le mogli e i figli degli ufficiali, se lo desiderano, possono seguire i mariti. Si tratta di convincere Lord Keith che lui e io siamo civili e dunque non dobbiamo essere contati.

Quando mio padre ha fatto questo ragionamento a Gourgoud per chiedergli la sua opinione, lui, dandogli una bella manata sulla spalla, ha commentato: – Bravo, Las Cases, forse con la spada in mano non vali molto, ma hai il cervello fine!

Mio padre ancora adesso ha la spalla indolenzita per la botta e ha giurato che, la prossima volta, chiederà consiglio a qualcun altro. Non sappiamo nulla di certo, però. Lord Keith non si degna di risponderci e ci lascia tutti nell'incertezza. Con tutta probabilità, lo fa apposta. Abbiamo saputo che non ha una gran simpatia per mio padre perché all'inizio ha mentito agli Inglesi facendo credere di non conoscere la lingua.

Ben punta l'indice verso il mare e mi indica una scialuppa. Si è staccata dal *Northumberland* e si avvicina rapidamente a noi, recando a bordo due alti ufficiali: lo si capisce dal cappello piumato che portano sotto il braccio. Uno è Lord Keith, lo abbiamo già visto diverse volte. Ben lo chiama *the old turkey*, il vecchio tacchino, perché ha un collo piuttosto lungo che muove a scatti, proprio come un tacchino.

– Quello di fianco a lui deve essere Sir George Cockburn – dice Ben.

– Come fai a dirlo? – gli chiedo.

– È un ammiraglio. Non vedi i gradi?

Io non riesco a riconoscere il grado degli ufficiali dal numero di nastrini e strisce dorate. Ben, sì. Lui è capace di stabilire il grado di un ufficiale da una distanza di cento metri: – Quello è un tenente. Lancieri. Quello è un colonnello. Dragoni. Quello è un capitano: Ussari...

Non so come faccia, ma mi fido.

– *The old Cock is arriving*, sta arrivando... – commenta Ben. *Old Cock* è il nomignolo che ha subito appioppato a Sir George Cockburn. Vuol dire "vecchio gallo". È molto azzeccato: Cockburn è rigido e impalato come se avesse appena fatto colazione con un manico di scopa. Mentre Keith muove a scatti solo il collo, Old Cock muove a scatti tutto il corpo, in particolare le gambe. Sembra proprio un gallo impettito. Ben scuote la testa: – *Old stunnies!* – borbotta. Gli chiedo cosa voglia dire *stunnies*. Ben si picchietta la tempia con l'indice. Non so cosa significhi ma non suona come un complimento.

Ora deve fuggire via. Il capitano Maitland e il suo equipaggio sono schierati per rendere gli onori militari a Old Cock e Old Turkey e Ben non può mancare. C'è tutto un trillare di fischietti che equivalgono ad altrettanti ordini e, come per magia, i marinai capiscono alla perfezione cosa fare e dove mettersi.

Si schierano anche gli ufficiali francesi.

Napoleone esce dalla cabina, si guarda intorno con molta calma e compostezza, scende gli scalini che lo separano dal ponte e raggiunge i suoi uomini. Indossa la divisa di generale d'artiglieria, rossa e blu. Al fianco gli pende la spada. Gourgoud abbandona il posto in mezzo agli altri ufficiali e va a piazzarsi di fianco a lui. Ha gli occhi foschi, come non li ho mai visti. I capelli spuntano rigidi dal cappello calcato sulla fronte, le folte sopracciglia sono unite in un profondo taglio, proprio sopra il naso, il viso è paonazzo, il collo gonfio: sembra che stia facendo uno sforzo sovrumano per controllarsi. Per contrasto, il viso di Napoleone appare ancora più pallido. Le mani di Gourgoud fremono. Vedo i polpastrelli delle dita contrarsi. Napoleone, invece, tiene le sue dietro la schiena.

Old Cock e Old Turkey gli si avvicinano: – *Good morning, General* – salutano all'unisono, accennando un inchino con la testa. Nessuno dei due si toglie il cappello. Guardo Gourgoud e gli altri ufficiali: come reagiranno a sentire chiamare l'Imperatore semplicemente *Generale* e non *Sire*?

Gourgoud fa un mezzo passo avanti, con la mano stringe forte l'elsa della spada. Ma Napoleone lo ferma, muovendo appena un poco lo sguardo nella sua direzione. Gourgoud sembra un giaguaro, pronto ad azzannare la preda alla gola, Napoleone sembra un domatore,

capace di controllare le sue belve solo con gli occhi.

Old Cock allunga una mano verso un ufficiale che gli sta al fianco e questi gli porge una pergamena arrotolata. Lui la prende e fa per consegnarla all'Imperatore.

– *Please, general.*

Planet de la Faye fa un passo avanti e la strappa via bruscamente dalle mani di Old Cock.

Io cerco con gli occhi Ben. È schierato con gli altri marinai, rigido e impettito nella posizione di attenti. Non ha in testa il cappello e io penso che il sole deve cuocergli il cervello perché, proprio in questo momento, le nuvole che velavano il cielo si sono aperte, il vento è caduto e l'aria è immobile, calda e afosa. Però nessuno dei marinai può indossare il cappello di fronte a un superiore.

I marinai del *Bellerofonte* lo tolgono all'istante, ogni qual volta Napoleone appare anche in lontananza. Ma Old Cock e Old Turkey, che stanno lì impettiti proprio in faccia a lui, lo tengono in testa.

Ben sfida il regolamento e ricambia il mio sguardo, aggiungendovi un cenno di intesa. Muove anche un poco le labbra, forse sta dicendo: «*Old stunnies!*»

Planet de la Faye trattiene la pergamena, guarda i due ammiragli e non fa una piega, come a dire: «Me ne infischio, dei vostri ordini. Io obbedisco solo al mio Imperatore e se lui non mi ordina di leggere questa robaccia, io non la leggo».

Napoleone gli fa un breve cenno con la testa e Planet gli srotola il documento davanti agli occhi.

Lui non ha ancora detto una parola, non una, né ha mosso un solo muscolo del viso o del corpo, fatta eccezione per un inchino appena accennato della testa, per salutare i due ammiragli.

In questo momento, tutto sembra immobile sopra questa nave, persino le vele, visto che non c'è un filo d'aria.

Gourgoud è l'unico dei presenti che faccia un piccolo movimento: serra con forza le mascelle e, sebbene io sia lontano da lui, ho l'impressione di sentire i denti stridere gli uni contro gli altri, come quella sera in cui, con le mie risposte sventate, ho rischiato di mancare di rispetto al "suo" Imperatore.

La pergamena che Planet ha in mano è scritta in Inglese. Napoleone, allora, fa un cenno a mio padre, il quale gli si avvicina. Lentamente, comincia a tradurre. Durante la lettura, lo vedo sudare abbondantemente. Ogni tanto deve fermarsi. Prende il fazzoletto dalla tasca e se lo passa sulla fronte. Ha le labbra e la gola secche e a un certo punto, sfinito, chiede se può avere un goccio d'acqua. Ogni nuovo ordine di Sua Maestà Britannica che è costretto a tradurre fa crescere il tremito delle sue mani. Non so proprio come faccia a leggere, con il foglio che si muove in quel modo. Ogni tanto lancia uno sguardo di sbieco a Gourgoud, come per accertarsi che sia ancora lì, al suo posto, e non abbia dato il via alla rivolta.

Gourgoud freme, è una belva con le fauci già spalancate, ma non osa muoversi, se l'Imperatore non gli dà il via. I suoi occhi sembrano domandare: ma perché tollerate tutto questo, Sire? Perché vi fate umiliare?

L'Imperatore, in piedi, le mani dietro la schiena, fissa un punto indefinito dell'orizzonte. Le palpebre ogni tanto si abbassano con un rapidissimo battere delle ciglia, la bocca si contrae in una impercettibile smorfia.

Non so per quale motivo, ma in questo momento sento di volergli bene, come ne voglio a Sophie, o a mia madre, come se fosse uno della mia famiglia. Non mi ricordo più che alle volte mi fa proprio arrabbiare, con quel suo modo presuntuoso di comportarsi, che fa sentire sempre gli altri degli incapaci e lui un essere superiore. Mi fa male che lo vogliano annientare di fronte a tutti noi, con quelle assurde imposizioni. Quasi, quasi, vorrei che Gourgoud infilzasse davvero quei due palloni gonfiati di Old Turkey e Old Cock. Sento che siamo in parecchi, e non solo fra i Francesi, a pensarla così.

Solo Napoleone non reagisce. Continua a fissare quel punto indefinito laggiù all'orizzonte. Sempre quello. Il volto è così terreo che, se non ci fosse quel rapido battere di ciglia ogni tanto e quella impercettibile smorfia della bocca, ci sarebbe da chiedersi se è davvero vivo.

Così, adesso dobbiamo sottostare agli ordini di Sua Maestà Britannica. Di fronte agli sguardi corrucciati di Old Turkey e Old Cock, noi Francesi ci facciamo perquisire a uno a uno. Ogni cosa viene passata al setaccio: i nostri bagagli, gli effetti personali, la biancheria intima, lettere, biglietti o scritti di qualsiasi genere, le nostre stesse persone. Veniamo tastati e palpati da guardie della dogana, fatte salire su questa nave proprio a questo scopo.

Keith e Cockburn decidono cosa può esserci restituito e cosa deve essere sequestrato. Ero pronto a vedermi sottrarre anche i miei appunti, ma non li hanno trovati nella tasca posteriore dei pantaloni, dove li avevo messi. Mi ci vuole un po' a ricostruire dove sono finiti: Ben mi è venuto vicino e me li ha sfilati via con mano lesta. Non mi sono accorto di nulla e per poco non mi tradivo, perché ero certo che il quadernetto saltasse fuori e avevo già deciso di fare l'eroe: volevo strapparlo dalle mani dello sbirro baffuto che mi stava perquisendo e gettarlo in mare prima che Old Cock potesse sequestrarmelo. Invece, dalla tasca non è saltato fuori nulla. Poi, in lontananza, ho visto Ben, che guardava tutta la scena con un sorrisetto stampato in viso. Mi ha strizzato l'occhio: «*It's ok*» ho letto sulle sue labbra. Stai tranquillo, è tutto a posto.

Poi, quando Old Cock e gli sbirri sono passati a un altro Francese, Ben è scivolato dietro di me, fingendo di essere impegnatissimo nel lavoro. Con fare burbero, mi ha spinto via, come se lo stessi intralciando e a voce alta ha detto: – *Ehi, you, get out of here, boy* –. Togliti di mezzo, ragazzo. E in un attimo il quadernetto è tornato al suo posto. Poi è andato via e io, con aria indifferente, l'ho seguito per ringraziarlo. Ci siamo messi in un punto della nave dove nessuno poteva vederci, gli ho stretto la mano e ci siamo abbracciati per dirci addio.

– Grazie, Ben. – ho detto. Gli ho chiesto come ha fatto a sfilarmi il quaderno e rimetterlo al suo posto senza che neppure me ne accorgessi.

Lui mi ha guardato ridendo e arrossendo: – *You know*, Manny, io non vengo da una gran famiglia. L'avrai capito. Da piccolissimo, qualche volta, ho dovuto arrangiarmi, per mangiare qualcosa... e così sono diventato piuttosto lesto con le mani. Poi, per fortuna, ho incontrato Maitland. *He is a good man*, è un brav'uomo, mi ha aiutato e mi ha fatto imbarcare sulla sua nave, come mozzo. *Now I am so happy, Manny.*

È felice di fare il mozzo. Lavare e pulire il ponte della nave con spazzola e sapone. E la cucina, la mensa, le latrine.

Mi spiace molto di perdere un amico, anche se non è ancora del tutto sicuro che mio padre e io riusciremo a partire. La conferma ce la daranno all'ultimo momento. Ben però è convinto che ci lasceranno andare e mi saluta come se non dovessimo vederci mai più. Gli giuro che ci incontreremo di nuovo, un giorno. Ma forse non sarà così facile. Lui non ha una vera casa. La sua casa è la nave di Maitland.

Siamo molto tristi. Come ultimo gesto, Ben si fruga nelle tasche, tira fuori alcune monete e le tiene lì, sul palmo aperto della mano: è la sua paga di luglio, mi dice, ci ha tolto solo due penny, che ha mandato a sua madre. Tende la mano e me la offre:
– Non capisco – dico io.

– Prendili – mi esorta – Vi hanno sequestrato tutti i vostri soldi. Non avete più niente. Ti serviranno. Tanto non se ne accorgono, vedrai che non ti perquisiranno più. Non tengono d'occhio te, che sei un ragazzo, ma i tre generali che accompagneranno Napoleone. Accettali, ti prego.

È poca roba, ma ti può servire. Mi fai contento.

A me viene un groppo in gola. Vaglielo a spiegare, al mio compagno di classe Boudin, che il nemico può essere anche questo: un coetaneo che si toglie di tasca i pochi spiccioli della paga di mozzo per aiutarti.

Ho cercato di mandare giù il groppo per non mettermi a piangere, gli ho richiuso la mano che stringeva i soldi della paga e l'ho abbracciato: – *Thank you*, Ben. Grazie, grazie... *I will never forget you*, non ti dimenticherò mai. Tornerò a trovarti. Te lo giuro.

Accidenti! Conosco così poco l'Inglese che non riesco a dirgli tutto il bene che gli voglio! Ben mi abbraccia a sua volta. E ora dobbiamo proprio lasciarci.

Mio padre mi chiama: – Vieni con me, Emanuele. L'Imperatore vuole parlarti.

Ah no, ci risiamo. Sta diventando un vizio, quello di darmi in pasto all'Imperatore nei momenti più difficili. Chi ha voglia di dargli retta, in questo momento? Deve essere proprio abbattuto, ma anch'io non sono di buon umore. Ho una tale voglia di piangere. Il gesto di affetto di Ben mi ha scombussolato, mi ha cambiato i punti di riferimento.

Tutto questa mattina doveva succedere? Di sentirmi stringere il cuore per Napoleone, che non mi importa più un fico secco che mi faccia arrabbiare e sia un presuntuoso e voglia sempre fare "il di più". E se voglio bene a lui, come faccio a voler bene anche a Ben, che è un Inglese? Mi sento così confuso che avverto uno strano malessere, come quando mi abbuffo di dolci e poi sento un groppo allo stomaco... Solo che adesso il groppo è più in alto, nella gola.

No, non sono proprio in vena di reggere il malumore di Napoleone.

– Devo proprio, padre? Non è che mi senta molto bene. È stata proprio una brutta mattina per me, questa.

– Certo che devi. Assolutamente. Ci mancherebbe altro... in un momento come questo. Se per te è stata una brutta mattina, figurati per noi.

– Va bene, andiamo – rispondo in tono lugubre.

– Vedi se ti riesce di fare anche un sorriso di circostanza, almeno per buona educazione.

Quando entro nella cabina dell'Imperatore, cerco di non farmi notare in modo particolare, mantenendomi dietro mio padre. Ma lui mi vede subito.

– Conte Las Cases, sareste così cortese da lasciarmi solo con Emanuele per qualche momento?

– Certamente, Sire –. Mio padre lascia la cabina, dopo un breve inchino.

– Vieni qui, di fronte a me –. Il tono non sembra così burbero. – Ho visto che mi osservavi, mentre tuo padre leggeva gli ordini di Sua Maestà Britannica.

Vorrei chiedergli come ha fatto, visto che aveva lo sguardo fisso su un punto lontano dell'orizzonte. Ma si sa che lui può quasi tutto. Non ha forse tenuto a freno Gourgoud girando appena un poco le pupille verso di lui?

– Dalla tua espressione, mi sembrava di capire che ce l'avessi con me, perché ascoltavo senza reagire tutti gli insulti che venivano fatti non solo a me ma a tutti i Francesi. È così?

La voce adesso è più severa: – Ti sono sembrato forse un vigliacco? Dimmi la verità.

Ecco che ricomincia a sfogare su di me il malumore.

– No, Sire, non ce l'avevo con voi – rispondo con calma. Poi devo fermarmi, perché sento che il groppo sta tornando pericolosamente su e mi soffoca il respiro. «Accidenti» penso con terrore. «Non è che adesso scoppio a piangere, proprio qui, di fronte a lui?».

– Ti ho chiamato perché volevo comunicarti di persona che abbiamo ottenuto il permesso.

Il tono è tornato morbido, quasi gentile. – Se ancora lo desiderate, tu e tuo padre potrete seguirmi. Però... si tratta di regalarmi una parte della tua vita, me ne rendo conto perfettamente, e voglio essere certo che tu sia convinto di questo sacrificio, anche dopo quello che hai visto questa mattina. So già che mi reputi un presuntuoso... no, non negare, so benissimo che è così. Dal tuo punto di vista, forse non hai tutti i torti, anche se io so di non esserlo. Sono molto fiero, questo sì... Però la cosa cambia se pensi che io sia un vigliacco.

«Ma non è vero!» avrei voluto gridare. «Non lo penso affatto! Anzi, proprio questa mattina, mentre vi vedevo lottare contro le lacrime, ho sentito di volervi un gran bene e che avrei desiderato essere io al vostro posto, per risparmiarvi quella sofferenza e in quel momento ho detestato gli Inglesi. Ma poi è arrivato Ben e ha salvato il mio quadernetto e mi ha offerto la sua paga di mozzo... E così io sento di volere un gran bene anche agli Inglesi. E allora cosa devo fare? Qui è tutto una terribile guazzabuglio e nessuno di voi mi aiuta a capire».

Ma, prima di dire tutto questo, sento il groppo salire, salire... e, con profonda disperazione, scoppio a piangere. Non a frignare, proprio a piangere, con singhiozzi incontrollabili, balbettando frasi sconnesse, che certo Napoleone non può capire: – Non è vero... io vi voglio bene... l'ho capito stamattina. Proprio come ne voglio a Ben e a Sophie. Io li vorrei odiare gli Inglesi, ve lo giuro, ma c'è Ben, come faccio? Voi non siete un vigliacco...

E avanti così. Una completa disfatta,

peggio di Waterloo. Mi aspetto che, da un momento all'altro, Napoleone lanci un urlo: – Fuori di qui! Toglietemi questo bamboccio dai piedi e rimandatelo da sua madre! Quante volte ho ripetuto che i ragazzi di questa età frignano e basta?

Non so quanto tempo passi, prima che succeda qualcosa. A un certo punto, mentre singhiozzo senza ritegno, lui mi mette una mano sulla nuca e mi avvicina a sé, fino a poggiare la mia fronte sulla sua spalla. Mi tiene così, abbracciato. Poi, quando sente che i singhiozzi si calmano, mi prende il volto fra le mani e mi guarda negli occhi.

– Va meglio, adesso?

Faccio cenno di sì, con la testa, poi provo a dire: – Mi vergogno, Sire, non so come...

– Ssssss! – dice lui, abbracciandomi di nuovo. – Non vergognarti di piangere, intesi? Le tue lacrime mi fanno un gran bene al cuore. Hai pianto tu, al mio posto, le lacrime che avrei voluto versare. Mi hai dimostrato che provi dell'affetto per me.

Poi mi sfiora la guancia con una carezza, prende il fazzoletto dalla tasca e me lo offre: – Adesso asciugati gli occhi, soffiati il naso e raggiungi gli altri. E se ancora sei dell'idea di seguire un vecchio generale sconfitto, preparati a dire addio al *Bellerofonte*.

È quasi tutto pronto per il trasbordo sul *Northumberland*. Napoleone consegna a Keith e Cockburn la lista con i nomi degli ufficiali che lo seguiranno. Sono Gourgoud, Bertrand e Montholon, proprio come aveva anticipato Gourgoud. Gli ufficiali sposati, e dunque Bertrand e Montholon, porteranno la famiglia. In fondo alla lista ci sono anche i nostri nomi: Giuseppe ed Emanuele Las Cases. Keith osserva l'elenco e non ha nulla da obiettare. Ma Old Cock solleva gli occhi al di sopra degli occhialini e, fissando mio padre, dice: – Vedo, Ammiraglio Keith, che avete deciso di concedere l'autorizzazione alla partenza per Mr Las Cases.

– L'ho fatto, Ammiraglio Cockburn. Tuttavia, la nave è vostra, e l'ultima parola spetta a voi.

Mio padre lancia uno sguardo allarmato all'Imperatore, che non capisce l'inglese. Poi fissa a sua volta Old Cock: – Vi ricordo, Ammiraglio Cockburn, che un vostro superiore mi ha dato la sua parola che non avrebbe impedito la mia partenza.

– Non ho bisogno che un Francese mi ricordi i miei doveri, sir – risponde Cockburn, atteggiando le labbra a una smorfia di disgusto. – Conosco alla perfezione il regolamento e vi sarei grato se voleste restare al vostro posto.

Poi ondeggia ora su un piede ora sull'altro, in palese disagio, finge di ricontrollare la lista e di nuovo fissa su mio padre uno sguardo severo: – Voi sapete che siete sospettato di essere una spia, sir? Ci avete già mentito una volta. È molto probabile che lo facciate ancora. Inoltre, non sappiamo con esattezza chi voi siate.

– Una spia, ammiraglio? Io sono un uomo di lettere. Sapete bene che l'Imperatore si serve di me come diplomatico. Non ho nulla a che vedere né con i militari, né, tanto meno, con le spie.

– Allora perché quella bugia detta al capitano Maitland a proposito della vostra conoscenza della lingua Inglese, se non per spiarci?

– Signor Ammiraglio, ero in assoluta buona fede. Erano passati molti anni, dall'ultimo soggiorno in Inghilterra e pensavo di averne dimenticato la lingua. Dopo qualche settimana di esercizio, invece, ho recuperato una certa scioltezza. Tutto qui.

– A essere sincero, non vi credo, sir, anche se non intendo oppormi alla decisione di Lord Keith. Ma è mio preciso dovere informarvi che il Governatore di Sant'Elena e io, personalmente, terremo sotto stretta sorveglianza voi e vostro figlio. Sapete quale sorte toccherà a quanti saranno sorpresi a favorire, in qualsiasi maniera, una eventuale fuga del generale Bonaparte. Avete compreso bene gli ordini di Sua Maestà e li avete tradotti con chiarezza al vostro generale, non è vero, sir?

– State tranquillo, Ammiraglio. Ho compreso e tradotto a perfezione.

– Bene. Allora potete salire a bordo della nave, se questa è la vostra volontà.

Finalmente mio padre può tranquillizzare con uno sguardo Napoleone, che non ha compreso nulla di questo dialogo, se non che Cockburn stava sollevando delle difficoltà.

Gourgoud se ne sta in disparte, il volto cupo e preoccupato. Sa che, prima di salire a bordo, lui e gli altri ufficiali verranno disarmati.

– Capitano Maitland, – scandisce infatti Old Cock – vogliate provvedere al trasbordo dei passeggeri, prego.

Momento difficile. Maitland sa cosa significa quell'ordine: i suoi marinai dovrebbero disarmare gli ufficiali Francesi. Ma l'intero equipaggio gli ha già comunicato che non obbedirà, anche a costo di una dura punizione: lo facciano i marinai del Northumberland. Lui, impassibile, replica: – Sir, credo che i marinai del *Northumberland* dovrebbero provvedere al... dovrebbero eseguire gli ordini di Sua Maestà circa il disarmo dei passeggeri.

Tremo per Maitland e per tutti gli uomini del *Bellerofonte*. Old Cock è seccatissimo.

– Vi autorizzo a utilizzare i vostri uomini, capitano – replica.

Ma Maitland, coraggiosissimo, non

molla: – Sono tutti impegnati nelle operazioni di sbarco, sir, e non voglio farvi attendere. I vostri marinai, invece, non hanno alcun compito cui attendere.

– Ma disarmare gli ufficiali Francesi è un'operazione di un istante, capitano – insiste Old Cock, senza celare una blanda ironia nella voce.

Maitland e Old Cock si fissano in silenzio, per un lungo istante.

– Ne siete così sicuro, sir? – replica infine Maitland.

Old Cock ha un piccolo sobbalzo, non so se di sorpresa o di paura. Poi sussurra qualcosa nell'orecchio di un ufficiale, che si allontana rapidamente. Quando ritorna, ha con sé alcuni marinai che non ho mai visto. Sono alti e robusti. Sono armati di moschetto tranne l'ufficiale, che sfodera la spada ma la tiene bassa, lungo le gambe. Poi si avvicina ai colleghi Francesi, schierati l'uno dopo l'altro sul ponte e comunica loro, in inglese: – Signori, ho l'ordine di disarmarvi. Favoritemi le vostre spade, prego...

Tutti hanno udito e compreso con esattezza l'ordine, anche se espresso in inglese, ma nessuno si muove, né fa alcun gesto. Solo Gourgoud, con un largo sorriso che mette i brividi, si sfrega per un momento le mani l'una contro l'altra e poi replica a voce alta, in francese: – Venite a prenderle, tenente. Potete cominciare dalla mia –. E allarga le braccia, come per invitare l'Inglese ad avvicinarsi.

Questi deve aver compreso alla perfezione il senso delle parole di Gourgoud. Non si muove, ma rivolge a Old Cock uno sguardo preoccupato: «Cosa devo fare?» gli chiede disperato.

Gli ufficiali francesi mettono tutti mano alla spada, imitando Gourgoud, già pronto a colpire. L'ufficiale inglese solleva la sua arma verso l'alto, come per iniziare un assalto, mentre i marinai e i poliziotti sollevano il moschetto e lo puntano contro i Francesi. Nell'aria c'è una tensione, che si taglia con il coltello.

Poi, nel silenzio, si ode la voce di Napoleone. – Las Cases, vi prego, traducete quello che dico per l'Ammiraglio Cockburn. Ammiraglio, ordinate ai vostri uomini di abbassare le armi. Non ce ne sarà alcun bisogno –. Quindi, rivolto all'ufficiale inglese, chiede: – Come vi chiamate, tenente?

– *My name is Nicolas Ross, General* – risponde compito l'ufficiale, inchinandosi.

– Tenente Ross, rinfoderate la spada e fate abbassare quei fucili puntati sui miei uomini. Venite con me, prego, ve li presenterò a uno a uno... uomini d'onore, tenente Ross, soldati molto valorosi, non dimenticatelo.

– *Yes, sir* – risponde Ross, con un nuovo inchino.

– Garantirò io stesso, con la mia persona, la vostra sicurezza. Vi fidate, tenente?

Il volto di Ross diventa di porpora. – *Yes, general... of course, sir*

E così Napoleone presenta a uno a uno i suoi uomini schierati sull'attenti al tenente Ross, il quale fa a ciascuno un breve inchino.

– Questo è il generale Savary. È al mio fianco da quindici anni... Prego generale, favoritemi la vostra spada –. Savary si toglie la spada e la consegna all'Imperatore che, a sua volta, la porge a Ross. Questi la affida a uno dei marinai che lo seguono.

– Il signore con questi bei baffi si

chiama Lallemand. È un grande amico di Savary. Voi Inglesi li conoscete entrambi molto bene... prego, generale, la spada.

Lallemand obbedisce. La toglie e la consegna a Napoleone.

Uno dopo l'altro, gli ufficiali francesi si lasciano disarmare dall'Imperatore, nel silenzio generale. L'ultimo è Gourgoud. I suoi occhi mandano fiamme, i muscoli tendono la stoffa della divisa, tanto sono gonfi e pronti a scattare. Prima che l'Imperatore parli e gli ordini di consegnare la spada, Gourgoud guarda con ferocia il tenente Ross e dice: – Sire, perdonatemi se oso parlare prima di voi, ma chiedo alla Vostra Maestà di non presentarmi al tenente Ross e non chiedere la mia spada, fino a quando l'ammiraglio Keith qui presente non ci avrà garantito che Vostra Maestà non verrà disarmato. Non ci ha ancora dato una risposta, al riguardo... È il momento di averla.

A questo punto, qualcosa va storto: il marinaio alle spalle di Ross, un omone che incute soggezione solo a guardarlo, forse di sua iniziativa oppure perché interpreta male un gesto di Ross, si getta addosso a Gourgoud, il quale non aspetta altro che un pretesto per scattare come un felino. Reagisce dandogli un colpo talmente forte che il marinaio, nonostante la stazza, vola lungo disteso in mezzo al ponte della nave. Allora Ross sguaina la spada e Gourgoud sguaina la sua, mentre gli altri Inglesi, senza indugio, puntano i fucili sui Francesi, pronti a far fuoco.

Gourgoud, con mossa fulminea, si pone davanti all'Imperatore per proteggerlo. Le

spade di Gourgoud e Ross cozzano l'una contro l'altra con un fragore di metallo che fa sobbalzare i presenti.

Tutto è avvenuto con tale rapidità che nessuno, neppure Napoleone, ha avuto il tempo di reagire. – Gourgoud! – tuona poi nel silenzio con un tono imperioso.

Lui ferma la spada ma non la rinfodera e non la abbassa. Ansima e mette paura solo a guardarlo. Prima che Napoleone possa dire altro, ripete: – Ammiraglio Keith: la risposta alla mia domanda, signore.

Keith trae un profondo sospiro. – Generale Bonaparte, – risponde con evidente imbarazzo – il vostro ambasciatore, conte Las Cases, ha avanzato questa richiesta a nome degli ufficiali francesi. Vi prego di perdonarmi se, nella concitazione di queste ore, può essermi sfuggito di confermare che essa è stata accettata.

Gourgoud, finalmente, abbassa la spada. Quindi, con un inchino, la consegna all'Imperatore. – Quest'arma è sempre al vostro servizio, Sire. Disponetene a vostro piacimento.

Napoleone picchia un leggero colpetto sulla spalla di Gourgoud, quasi una carezza. Poi, prende la spada e la consegna a Ross.

È finita. Non rimane che salutare coloro che non ci seguiranno e imbarcarsi sulla scialuppa che è già in attesa. Ma è una parola: Napoleone convoca i suoi ufficiali a uno a uno nella cabina. Ognuno entra ma poi non esce più. Old Cock è impaziente: – Mi sembra che abbiamo già concesso parecchio – sbuffa. – È ora che Napoleone la smetta di fare il grand'uomo e si convinca che è soltanto un prigioniero come tanti.

Old Turkey è più tollerante perché sa che, fra pochi momenti, quell'uomo non sarà più affar suo: – Suvvia Ammiraglio, non siate così rigido. Dategli il tempo di salutare i suoi uomini.

– *Puah!* Smancerie. Questi Francesi si comportano come donnicciole.

Mi avvicino piano piano a Gourgoud, che se ne sta appoggiato al parapetto della nave. Ha gli occhi rossi e osserva svogliatamente il *Northumberland*, ma sembra non vederlo. Dopo un poco che sono lì, lui mi passa un braccio intorno alle spalle e restiamo uno vicino all'altro, a covare i nostri dispiaceri, fino a quando non ci chiamano.

L'Imperatore appare sul ponte, rigido e impettito, in attesa di essere chiamato per salire sulla scialuppa. Unico fra tutti i Francesi, ha la spada che pende al suo fianco. Grazie al coraggio di Gourgoud. Ogni tanto passa la mano sugli occhi con fare un poco stizzito, come se volesse scacciare qualcosa che si è impigliato fra le palpebre.

Ora è il capitano Maitland che, a nome suo e di tutto l'equipaggio, chiede di poter salutare Napoleone.

Old Cock mastica amaro. Questa è una nuova insubordinazione dei marinai del *Bellerofonte*. Appena potrà, gliela farà pagare cara. Al rullo dei tamburi, si schierano tutti sul ponte a testa nuda, e presentano le armi. Ben è in mezzo a loro e così possiamo scambiarci un ultimo sguardo d'intesa.

Poi entriamo nella scialuppa e questa, lentamente, viene calata in mare. Siamo tutti seduti, tranne Napoleone, che rimane in piedi, con il viso rivolto verso il

Bellerofonte. I marinai cominciano a remare con lunghe, possenti bracciate. Ogni colpo di remi ci allontana sempre più dal vascello e coloro che restano. Sono tutti lì, appoggiati alla murata della nave. C'è anche Ben! È in un angolo nascosto ma, a furia di agitare il cappello, riesce a farsi notare. Scatto in piedi e agito tutte e due le braccia nella sua direzione. Sorrido e saltello, felice di poter vedere il mio amico fino all'ultimo istante. Poi mi accorgo che gli altri mi osservano incuriositi e mi siedo mortificato: forse stanno pensando che sono un traditore perché fraternizzo con il nemico. Ben è ancora lì e agita il cappello, ma io mi siedo e non gli rispondo più.

Il tempo è cambiato. Adesso è scuro e freddo, proprio come il volto dell'Imperatore. Mi piacerebbe chiedergli cosa prova in questo momento, se anche lui ha voglia di piangere come ce l'ho io, solo che lui non può farlo perché non è uno qualunque: è Napoleone, e sa che Old Cock spia ogni suo gesto, ogni sua parola, godendo della sua debolezza.

«È per questo che siete così rigido e compassato, Sire?» gli vorrei chiedere.

«Se foste ancora quel ragazzo ribelle e impetuoso che dite di essere stato, ora piangereste, vi disperereste?»

Ben agita il cappello, più forte di prima. Allora io mi alzo in piedi e ricomincio a saltare, a salutarlo agitando tutte e due le mani. Mi metto anche a gridare: – Arrivederci, Ben. Ti scriverò! –. E continuo così fino a quando gli uomini sul ponte non si distinguono più.

Chi se ne importa! Pensino quello che vogliono... Non sono mica Napoleone, io.

3
A bordo del Northumberland

L'IMPATTO con il *Northumberland* è pessimo. Tanto per cominciare, gli ufficiali e i marinai della nave non salutano Napoleone e tengono con ostentazione il cappello in testa.

Non so se per questo motivo, o perché è stufo di controllarsi, lui ha una breve ma burrascosa conversazione con Old Cock: – Voi violate gli impegni. Trattandomi in questo modo, macchiate la bandiera e l'onore inglese!

– L'interesse della nostra nazione – risponde l'inglese – esige che voi siate messo nell'impossibilità di nuocerci ancora.

– Mi sono consegnato di mia spontanea volontà con la promessa che sarei vissuto in Inghilterra come un semplice cittadino, ma libero.

– In Francia potete contare ancora su molti sostenitori, sir, che sapendovi sul suolo inglese, così vicino a loro, prima o poi vi avrebbero convinto a fuggire e a combattere di nuovo.

Napoleone scuote la testa mormorando: – Vi sbagliate, signore. La mia carriera è finita.

Mio padre, però, di sua iniziativa, traduce diversamente: – L'Imperatore dice che il comportamento degli Inglesi è in ogni caso inaccettabile

– Ha detto proprio così? – replica Old Cock, sospettoso. – Allora riferitegli che lui non è nessuno per poter criticare il comportamento del nostro Governo. Che la smetta di fare l'Imperatore di Francia. È ora che capisca che non lo è più. O glielo farò capire io. Traducete quello che vi ho detto, parola per parola, prego.

– Sir Cockburn si proclama sinceramente dispiaciuto per come vi hanno trattato, Sire – traduce invece mio padre.

– Avete tradotto fedelmente? – chiede Old Cock.

– Yes, sir.

Cockburn lo guarda indispettito. E a me viene un dubbio: siamo proprio certi che non capisca il Francese? Anche Napoleone non la beve.

– Davvero ha detto così? – chiede dubbioso.

– Certamente, Sire – ha replicato impassibile mio padre.

– Strano. Dal tono sembrava che mi stesse mandando a quel paese: siete certo che non mi state ingannando, Las Cases?

– Sire... questo signore mi dà proprio sui nervi – si scusa. – Perciò, qualche volta, traduco con un po' di libertà le sue parole.

– Libertà, eh? Come va l'inglese di vostro figlio? Voglio parlare con lui, quanto prima...

Spero che a Napoleone non salti in mente di usarmi come interprete. Buon per me che parlo ancora maluccio, nonostante innegabili progressi. Io, con gli Inglesi di questa nave, non intendo familiarizzare. Non voglio trovare un altro Ben, che poi devo tormentarmi con l'ansia di essere un traditore del mio paese.

Sebbene questa nave sia molto più grande del *Bellerofonte*, a noi Francesi sono stati assegnati alloggi molto più scomodi e angusti di quelli che avevamo prima.

Bertrand occupa un ripostiglio, dove sono accatastate ceste di vimini e altre cianfrusaglie. Quando l'ha visto, si è messo le mani nei capelli: – Oh cielo! – ha detto – E ora cosa dico a mia moglie?

Mio padre e io abbiamo uno sgabuzzino, che dobbiamo dividere con il più alto e imponente dei nostri compagni di viaggio, Gourgoud. Come faremo a leggere, alla sera? E se poi dovesse russare?

– Ah, non preoccupatevi per me – ci tranquillizza lui. – Vi starò tra i piedi pochissimo. Sono abituato a dormire all'aperto, con qualsiasi tempo, figuriamoci ora, che siamo in piena estate e andiamo verso climi più caldi dei nostri.

E così la notte scorsa, la prima su questa nave, ha dormito sul ponte.

Anche l'alloggio dell'Imperatore è molto piccolo, tanto che il letto, invece che essere sul pavimento, è sospeso per aria. Napoleone lo ha fatto togliere del tutto e, come sempre, ha fatto montare il suo minuscolo lettino da campo, in ferro, con le tendine di raso verde e il materasso di crine duro come il marmo, che lui deve trovare comodissimo, visto che non se ne separa mai!

– Sono i collegi militari che educano a sopportare i disagi – commenta Gourgoud, dandomi una bonaria pacca sulle spalle che mi sposta in avanti di un metro. – Altro che quelle scuole da signorine che frequenti tu. Cosa aspetti a diventare un vero uomo, forte, robusto, audace? – conclude, strizzandomi l'occhio.

Non sarà che Napoleone gli ha raccontato che sono timido con le ragazze?

Il comportamento di Old Cock e dell'equipaggio del *Northurmberland* è migliorato. Ora sono molto più gentili e Old Cock cerca di fare bella impressione sulle signore Bertarnd e Montholon. Quando le incontra, si toglie il cappello e si sprofonda in un inchino, anche se quelle gli voltano le spalle sdegnose e non rispondono al saluto.

Anche l'umore di Napoleone, così tetro

nei primi giorni, sembra un poco migliorato. Ora accetta di consumare i pasti alla tavola dell'ammiraglio e degli ufficiali inglesi e imbastisce con loro un minimo di conversazione, coinvolgendo anche me come traduttore.

Poi, dopo cena, invece di ritirarsi subito nella sua stanza, ha preso l'abitudine di passeggiare a lungo sul ponte, a volte fino a tarda notte. Chiama sempre con sé qualcuno. Mi chiedevo se sarei stato ammesso anch'io alla sua presenza o se venivo giudicato troppo piccolo, per chiacchierare con lui. Con mia grande gioia, l'altra sera quando gli sono andato vicino, mi ha messo una mano sulla spalla e ha detto: – Ti farebbe piacere stare un po' con me, questa sera?

– Moltissimo, Sire.

– Allora vieni, passeggiamo assieme. Ti avverto, non sono una gran compagnia. Per te ci vorrebbe un ragazzo, o ancora meglio una ragazza della tua età, ma purtroppo qui non ce ne sono... A proposito, come hai detto che si chiama, la tua fidanzata?

– Christine, Sire. Non è la mia fidanzata,

purtroppo... È solo una che mi piace molto.

– Ma allora, chi è Sophie?

– Sophie? – gli ho chiesto un po' sorpreso. Come faceva a conoscerla?

– Sophie – Ha confermato lui. – Pensavo fosse il nome della tua ragazza. Lo hai pronunciato durante il nostro ultimo incontro, a bordo del *Bellerofonte*. Lo ricordi?

– Altroché – ho risposto, arrossendo ancora al ricordo del mio pianto dirotto.

– A un certo punto hai detto che mi volevi bene come a Ben e a Sophie. Perciò sono curioso di sapere chi sono queste persone cui sei così affezionato.

– Sophie è la nostra cuoca – ho detto sorridendo. – Ma in realtà, è un po' il capo della famiglia. Era già al nostro servizio da tempo, quando io sono nato. È come una seconda mamma. Le voglio molto bene, anche se... avere due mamme, alle volte è un po' pesante.

– Ti proteggono troppo e non vorrebbero mai farti crescere...

– Proprio così.

– Allora hai fatto bene a venire via per qualche tempo. Ti mancano?

Non volevo rispondere, per timore di apparire infantile.

– Non devi vergognarti di ammettere che ti manca tua madre – ha commentato lui, come se mi avesse letto nel pensiero. – A me la mia manca spesso. Nonostante la mia età.

– Davvero, Sire?

– Certo che sì. L'amo e ne sento la mancanza, anche adesso. Nonostante fossimo otto fratelli, ha sempre tenuto in pugno con energia le nostre vite... E che pugno, ragazzi! Tua madre, com'è? Severa?

– No, è molto dolce. È un po' distratta e svagata... ma a me piace così.

– Tutto il contrario della mia. In Corsica la conoscono molto bene. È una donna di ferro. Altrimenti non avrebbe potuto allevare otto figli. Ci ha fatto sempre rigare diritti.

– Deve essere bello, avere tanti fratelli...

– È anche molto faticoso, credi a me. Nessun diritto e molti doveri. Niente capricci o pianti inutili se non volevi che Donna Letizia ti battesse. Si faceva obbedire da tutti con uno sguardo... Bene, ora so chi è Sophie. E Ben? Chi è?

– È un mio carissimo amico. Gli voglio molto bene. Solo che è inglese. L'ho conosciuto sul *Bellerofonte*... Vi posso confidare un segreto, Sire?

– Ti ascolto.

– Prima di lasciare il *Belleronfonte*, Ben ha salvato dal sequestro un mio quadernetto di appunti. Me lo ha sfilato dalla tasca dei calzoni proprio sotto il naso di Old Cock e dei suoi sbirri. Ha rischiato grosso. Se lo avessero scoperto, ci avrebbe rimesso il lavoro. E poi mi ha offerto la sua paga di mozzo... pochi spiccioli, sapete? In casa mia ci facciamo la spesa per un giorno, non di più. Lui impiega un mese di duro lavoro per guadagnarseli. Eppure, me li ha offerti perché gli Inglesi ci hanno portato via tutti i nostri soldi. Ora, volevo chiedervi, Sire: se voglio bene a Ben, tradisco voi e il mio paese?

– Secondo me, fai onore a entrambi.

Prima di rispondere, ho tratto un sospiro di sollievo, come se mi avessero tolto un peso dal cuore.

– Grazie. Ora mi sento molto meglio, Sire.

– Oh, basta con questo Sire. Tra vecchi

amici è bello chiamarsi per nome. Per te, sono Napoleone... Non fare quella faccia. Non hai detto che mi volevi bene come a Ben e a Sophie? Prima non sapevo cosa questo volesse dire, ma adesso capisco. Significa che siamo proprio amici veri...

– Però se Gourgoud mi sente chiamarvi semplicemente Napoleone... mi solleva di peso e mi butta in mare!

– Non preoccuparti di lui. Sembra burbero ma ha un cuore d'oro. Ma se ti imbarazza, chiamami per nome solo quando siamo soli. Va bene?

– Va bene, Sire.

– Ora siamo soli – ride Napoleone.

– Allora... Napoleone. Posso chiederti un favore, Sire, cioè... Napoleone? Ben morirebbe dalla voglia di avere il tuo autografo. Dice che lo terrebbe come una reliquia. Ti ammira molto, sai? Mi farebbe tanto piacere accontentarlo.

– Faremo di meglio. Scrivi a Ben una lettera alla quale io aggiungerò i saluti, per ringraziarlo della generosità e informarlo che mi sentirei onorato di essere anch'io suo amico. Inoltre, scriverò di mio pugno un bel biglietto per te. Lo conservi e, quando torni a Parigi, lo metti con noncuranza sotto il naso di Christine: «Guarda cosa mi scrive un mio caro amico». Lei dirà: «Ma è un biglietto di Napoleone Bonaparte!» E tu risponderai: «Certo!». Vedrai se non cadrà ai tuoi piedi tramortita!

Insomma, lui è un grand'uomo. Perciò è normale che faccia un po' lo spaccone....

– Mi sembra una bellissima idea – gli ho detto.

– Ti ho fatto fare tardi, ma sono contento. È stata una bella serata. Buonanotte, Emanuele.

– Buonanotte... Napoleone, e grazie di tutto.

Quando sono tornato in cabina, Gourgoud aveva occupato il mio letto, lasciandomi un biglietto:

Chi tardi arriva, male alloggia. Questa notte all'aperto ci dormi tu, ma portati una coperta: i ragazzi che frequentano scuole da signorine, non sono abituati alle durezze del clima.

Non mi è affatto dispiaciuto. Ero troppo contento della serata appena trascorsa con il mio amico Napoleone. Sto bene con lui perché mi tratta da pari a pari, unico fra tutti gli adulti che conosco. Lui sì, che mi capisce.

Siamo arrivati a Madera un paio di giorni or sono. È la nostra unica tappa, poi il viaggio proseguirà senza soste fino a Sant'Elena. Il *Northumberland* ha necessità di imbarcare provviste e acqua. Fa un caldo soffocante. Dall'Africa soffia un vento ardente, che brucia gli occhi e la pelle e ricopre ogni cosa di un sottile strato di sabbia rossa. Impossibile restare nelle cabine, ma anche all'aperto non si prova alcun refrigerio.

I piccoli Bertrand e Montholon giocano a gettarsi addosso secchiate d'acqua di mare che i marinai più giovani tirano su apposta per loro. Ma noi grandi non possiamo farlo e neppure ci è permesso tuffarci in mare e fare una nuotata: i Francesi non possono abbandonare la nave neppure per un breve bagno rinfrescante. Old Cock è sempre terrorizzato all'idea che Napoleone possa fuggire. Gourgoud e gli altri continuano a fissare le acque del mare, limpide e bellissime, con uno sguardo torvo. Pagherebbero qualcosa per potersi godere qualche bracciata ma, per orgoglio, non si abbassano a chiedere.

Napoleone è molto giù. Ormai ho imparato a capire i suoi stati d'animo, per quanto si sforzi di celarli. Essere a un passo dalla terra ferma e non poter fare una passeggiata, gli fa sentire con maggiore durezza la condizione di prigioniero: davvero molto amara per chi, come lui, è abituato a sentirsi il padrone del mondo. Fissa in continuazione l'isola e le casette del porto. Forse pensa alla sua Corsica.

Gourgoud e gli altri lo lasciano tranquillo, perché sanno che, se desidera la compagnia di qualcuno, è lui a invitarlo. Ma ieri sera, senza dare troppo nell'occhio, io gli sono andato vicino.

– Posso stare un po' con te, Napoleone, o preferisci stare solo? – gli ho chiesto.

Lui ha steso un braccio verso di me, senza parlare e, quando io mi sono avvicinato, me lo ha poggiato su una spalla. Per un poco non abbiamo aperto bocca. Siamo stati così, uno a fianco all'altro, a osservare il porto.

– Anche in Corsica le case sono così – ha detto a un certo punto. – Addossate le une alle altre, di variopinti colori pastello: azzurro, lilla, rosa, verde. Hanno grandi palme e vasi di gerani sugli scalini. Vedo quest'isola di fronte a me e penso alla Corsica, all'infanzia... alla libertà. Forse solo nel collegio di Brienne, mi sono sentito altrettanto prigioniero, altrettanto triste. Però, mai vinto, come ora. Allora pensavo che il destino, ognuno se lo costruisce con le sue mani e che, se lotti, puoi raggiungere qualsiasi obiettivo. E invece, non è vero... Scusami. Sto proprio diventando una compagnia noiosa. Tu sei un ragazzo. Devi amare la vita e non devi farti influenzare dal Napoleone che vedi davanti a te oggi. Non è quello vero. Promettimi che, quando penserai a me, ti verrà in mente quel ragazzino prepotente, intransigente e anche un po' arrogante.

– Te lo prometto.

– Promettimi anche che, quando mi vedrai troppo cupo e pessimista, mi abbandonerai al mio malumore e te ne andrai via.

– Questo non te lo posso promettere. A

me piace parlare con te, Napoleone, sentirti raccontare le tue storie. Se non avessi paura di annoiarti, passerei con te ancora più tempo. Mi sembra di imparare tante cose, quando siamo assieme. A proposito. Guarda cosa ho qui. È la lettera per Ben, ricordi? C'è un bastimento inglese, qui a Madera, pronto a salpare per l'Inghilterra. Mi avevi promesso di aggiungere due parole...

– Ma certo.

Caro Ben,

Manny mi ha raccontato quello che hai fatto per lui e ti sono personalmente molto grato. Mi sentirei onorato se potessi considerarmi tuo amico.

Con affetto sincero,
Napoleone Bonaparte

Abbiamo ripreso la navigazione e Napoleone ha ritrovato un po' di grinta e di buon umore. L'afa e il caldo non diminuiscono. Gli ufficiali francesi hanno leggermente allentato la disciplina, girano con le divise slacciate e Gourgoud si fa portare secchi d'acqua di mare e vi immerge per intero il suo testone.

Ieri sera, dopo cena, approfittando di una leggera brezza che invitava tutti a stare fuori e godersi quell'improvviso refrigerio, l'Ammiraglio Cockburn ha sfidato l'Imperatore a una partita di Ventuno. Anche questa volta Napoleone ha preteso che gli facessi da "consigliere". Da qualche tempo, gli è presa la fissa di insegnarmi a giocare a carte.

– Siediti qui, accanto a me – mi impone, quando gioca con i suoi ufficiali. – E dammi i tuoi suggerimenti. Stai attento e non farmi perdere. Osserva con attenzione le carte e ragiona.

Di tanto in tanto, mentre si gioca, mi chiede: – Cosa faresti, adesso? –. Se azzecco, tace, se sbaglio, mi rimprovera: – Ma no... Rifletti. Non essere così svogliato. Tanto ho deciso che devi imparare i giochi di società e, perbacco, li imparerai!

Pretende di fare di me un vero gentleman, in grado di brillare nei salotti del bel mondo.

– Un giovanotto che voglia avere successo deve essere abile nel gioco e saper ballare alla perfezione. Non voglio che tu faccia come tuo padre, che pensa solo allo studio. Il fatto di essere un intellettuale, non vuol mica dire che in pubblico devi fare la figura della mummia...

E Gourgoud rincara la dose: – Già non puoi contare sulla divisa...

– Perché, generale Gourgoud, a cosa serve una divisa? – chiedo io.

– A cosa serve? Ma ragazzo mio, basta da sola a farti fare un figurone, specie con le signorine. Tu dovrai fare molta più fatica, per conquistarle.

– Gourgoud, non spaventarlo. Lascia fare a me – mi consola Napoleone. Poi, con un sorriso malizioso, aggiunge: – Comunque, non ha tutti i torti. Se proprio l'idea di una carriera militare non ti attrae, almeno cerca di dotarti di altri strumenti di conquista. Il ballo è un ottimo strumento.

– Non sono capace...

– Beh, imparerai, giovanotto... Pensi che io sia nato sapendo ballare?

– Non capisco cosa c'entri, con la conquista delle signorine.

– Non capisci? Ballare è una occasione

preziosa per fare la corte. Lo scoprirai da solo, quanto può essere utile! Alla fine del soggiorno con noi, dovrai ballare alla perfezione!

– Ma non c'è nessuno che possa insegnarmi, sulla nave.

– Rivolgiti a Gourgoud. Lui è un eccellente ballerino.

– Ma pessimo maestro! Con tutto il rispetto per l'Imperatore, dovrai cercarti qualcun altro. Interpella le signore, sono bravissime... Ma io posso fare qualcos'altro per te. Ho intenzione di attrezzare una piccola palestra: dobbiamo fare tutti un po' di movimento, altrimenti diventeremo grassi e mollicci. Voglio controllarti le braccia e il torace, ragazzo mio. Sono certo che fanno pena. Quando tornerai in Francia, dovrai avere dei bicipiti da lottatore!

– Eccellente, Gourgoud, eccellente – gongola Napoleone.

Così questa mattina mi è toccata la prima lezione di palestra. Gourgoud mi ha svegliato che era ancora buio.

– A quest'ora è più fresco – ha spiegato,

con un sorrisetto divertito sulle labbra.

– Ora, ragazzo mio, diamoci da fare. Bertrand e Montholon sono già pronti e ci stanno aspettando.

Quando siamo arrivati, infatti, erano già senza camicia.

– Cominciamo subito. Coraggio, cosa aspetti?

Quando mi sono sfilato la camicia mi ha osservato con aria critica e ha sbuffato: – Eh, ma che disastro. Guarda qui! –. E, così dicendo, prende a tastarmi i bicipiti. – Niente, neppure un accenno di muscolo. Vedi cosa ci si cava, a frequentare scuole per signorine? Ma adesso ci penseremo noi – ha proclamato con un'aria che, nelle sue intenzioni, voleva essere incoraggiante e ottimista, mentre a me è suonata quanto mai minacciosa.

– Si parte con le flessioni sulle braccia – ha decretato. – Guarda quello che faccio io. Osserva bene, perché poi dovrai fare la stessa cosa – e così dicendo si è piegato sulle braccia, con le gambe e il corpo rigido come uno stoccafisso, e si è messo ad andare su e giù.

– Uno! Due! Tre! – Ne ha contate trenta,

prima di sollevarsi con un sorriso sul volto e chiedermi: – Hai capito come si fa?

– Credo di sì.

– Busto rigido, pancia ben contratta, sguardo fisso davanti a te. Forza...

E ha ricominciato: –Uno! Due! Tre! Quattro! Cosa aspetti? Sei, sette...

Prima che io fossi pronto a fare la mia prima flessione, lui ne aveva fatte almeno altre venti ed era fresco come una rosa. Intanto ho cominciato anch'io.

– Uno... due... –. Pausa. – Tre... –. Nuova pausa, più lunga della prima. – Quattro... –. Ho il fiatone e le braccia mi fanno

male in modo atroce, ma stringo i denti: – Cinque! –. Crollo sul pavimento con le braccia a pezzi.

Gourgoud scuote il suo testone: – C'è molto da lavorare – mormora sconsolato.

Andiamo avanti per oltre un'ora. Flessioni sulle braccia, flessioni sulle gambe, salti, sollevamento pesi. Bertrand e Montholon pretendono anche di insegnarmi i primi rudimenti della box, ma io stramazzo al suolo e giuro che, se non mi fanno tornare in cabina, mi getto in mare. Finalmente si arrendono. L'appuntamento è fra due giorni.

Torno a letto e dormo come un sasso fino a mezzogiorno. Quando mi alzo, mi rendo conto che anche il più piccolo movimento mi produce fitte lancinanti.

– Ho deciso: non ci vado più a lezione – dichiaro. Ma come faccio a dirlo a Napoleone? E a Gourgoud?

Dal giornale di bordo ho appreso che abbiamo superato il Tropico e abbiamo avvistato le isole di Capo Verde. Se non ci fosse il giornale a informarmi che siamo nel mese di settembre, non me ne accorgerei neppure. Quando si è in mezzo al mare e, soprattutto, in questa parte del globo, è difficile rendersi conto che il tempo passa e le stagioni si susseguono.

Intorno alla nave da qualche tempo, nuotano numerosi banchi di delfini o pesci volanti, come li chiamano i marinai, per i grandi balzi che fanno. Sono pesci bellissimi, molto eleganti nei loro movimenti, per nulla intimiditi dalla presenza dell'uomo.

I piccoli Bertrand e Montholon passano ore a osservarli.

Riflettevo sul fatto che, per fortuna, da quando siamo partiti, abbiamo avuto sempre tempo bello: mai una nuvola, mai venti forti. Ma forse mi sono portato sfortuna da solo: al pomeriggio, è scoppiata una tempesta che ha gettato lo scompiglio sulla nave, anzi il panico.

Nessun segnale lasciava presagire quello che sarebbe accaduto. Eravamo quasi tutti sul ponte a goderci la brezza, in attesa di andare a cena. Io mi massaggiavo i muscoli dolenti, gustando un po' di riposo. Al mattino c'era stata un'ora di palestra, durante la quale ero arrivato a dieci flessioni sulle braccia, senza mai fermarmi. Ne ero molto soddisfatto. Non altrettanto Gourgoud, il quale sostiene che sono ancora lontanissimo da un livello dignitoso che ne prevede almeno cento (cento?!).

All'improvviso, la brezza si trasforma in vento, prima fastidioso poi sempre più forte. Le vele cominciano a sbattere con violenza, il sartiame cigola in modo sgradevole. In men che non si dica, all'orizzonte compaiono enormi nuvoloni scuri che diventano sempre più grandi e corrono veloci a coprire il sole. La rapidità con cui tutto questo accade è stupefacente. Le signore, con i piccoli, si precipitano nelle cabine, spaventate. Io voglio convincermi di non avere paura e mi attardo a osservare come cambia la situazione.

Il vento quasi trascina via le vele e i marinai si affannano ad ammainarle. Il mare è gonfio e biancheggia tutt'intorno. Iniziano a cadere gocce di pioggia grosse come nocciole, che quasi fanno male quando picchiano sul capo. Pochi minuti dopo, scroscia con una forza incredibile. Continuo a ripetermi che non ho paura...

è solo una tempesta. Però vedo la nave ondeggiare su e giù. Anche il mio stomaco se ne accorge e mi fa capire che non gradisce lo spettacolo.

Forse è meglio tornare in cabina, ma, appena dentro, sto molto peggio di prima. Provo a cercare aiuto da mio padre, ma lui soffre il mal di mare ancora più di me. Poco dopo, un conato peggiore degli altri mi costringe a precipitarmi di nuovo fuori.

Mi piove addosso acqua da tutte le parti: dall'alto, dal basso, dai lati. Non capisco più niente e non so come difendermi. Non riesco neppure a stare in piedi, perché il ponte è scivoloso, la nave cigola e ondeggia paurosamente sotto le raffiche del vento e l'urto delle onde. Sembra un animale ferito che si dibatte e si lamenta. A un tratto, un'onda più alta delle altre la sospinge su... su... su... mi sembra che non finisca mai di salire, ma forse mi sbaglio, non distinguo nulla, in questo buio fitto.

Poi, un lampo getta una luce sinistra nel cielo e illumina la scena. Allora vedo il *Northumberland* in cima a una montagna d'acqua e intorno il vuoto, come se fosse sospeso su un precipizio. Non ha più nulla della maestosità e dell'imponenza che mostra quando solca le acque tranquillo, sembra un fuscello che il mare si prepara a scagliare nel fondo degli abissi.

Ora precipiterà, penso, e le onde lo travolgeranno. Allora, in preda al terrore, smetto di fare l'eroe e urlo con quanto fiato ho in gola: – Aiuto! Papà, aiuto! Aiuto!

Sulla nave si sentono solo i marinai che lanciano ordini. Grido ancora ma nessuno mi sente. Poi, qualcuno mi afferra per un braccio.

– Emanuele, prendi la mia mano... Non stare qui, è troppo esposto, seguimi!

Vengo trascinato via, mentre batto i denti dalla paura e balbetto cose senza senso. Mi aggrappo a quella mano con tutte le mie forze.

– Su, forza... Ecco, mettiamoci qui... Riesci a vedermi? Sono io, Napoleone. Coraggio, giovanotto... È solo una tempesta. Prima o poi doveva pur capitarne una. Sei più tranquillo?

Tremo come una foglia, non per il

freddo ma per la paura, non ho la forza di rispondere, ma sapere che Napoleone è con me, mi conforta. Un nuovo lampo illumina la scena: vedo che ha il capo scoperto e un pesante cappottone grigio, con un grosso collo alto. La pioggia che batte incessante gli incolla i capelli sulla fronte e gli sferza il volto.

Gourgoud ci raggiunge: – Sire, – urla – perché non rientrate in cabina? Siete inzuppato d'acqua!

– Non ce n'è bisogno, Gourgoud. Preferisco stare all'aperto, soffro meno il mare. Da quando in qua ti spaventa un po' d'acqua?

Ci siamo seduti da qualche parte. Lui mi ha stretto accanto a sé e ha cominciato a parlarmi.

– La tempesta è meglio guardarla negli occhi... La nave ondeggia parecchio, è vero, però riesce a tenere il mare, vedi? Abbiamo un nostromo eccellente. Mi senti?

– Ci provo...

– Bravo. Hai paura?

– Da morire. Sono un caso disperato, vero?

– Non dire sciocchezze, figliolo... Avresti dovuto vedere me, la prima volta che mi sono ritrovato in mezzo a un uragano... Peggiore di questo, a dire la verità, però avevo parecchi anni più di te e, soprattutto, ero il generale.

– Quando è stato? – gli ho chiesto avvicinandomi per ascoltare meglio.

– Stavamo navigando verso l'Egitto, a bordo della *Giunone*. Avevo una tale paura che avrei voluto morire. Cento volte meglio un campo di battaglia, che una nave in balia delle onde!

– E poi come è andata?

– Beh, ce l'abbiamo fatta. Piano piano ti abitui. Tutto sommato, tu non ti stai neppure comportando troppo male, visto che è la tua prima esperienza...

– Perché non mi hai sentito mentre frignavo.

– Buon per te. Quando sento qualcuno che piagnucola, finisce che io, invece di aiutarlo mi arrabbio... Come facevo con mio fratello Giuseppe, quando eravamo piccoli.

Così ha cominciato a raccontarmi del fratello maggiore Giuseppe e del più piccolo, Luciano, che ha frequentato il suo stesso collegio.

– Dunque è entrato anche lui a Brienne?

– Sì, ma siamo stati assieme solo pochi mesi. Poi io sono andato alla Scuola Militare di Parigi.

– Sarai stato felice di cambiare aria.

– Mmm... a Parigi non è cambiato niente, se non in peggio: l'ambiente era molto più ricco che a Brienne, i cadetti molto più arroganti, perché tutti figli di papà, e io, se possibile, ancora più nervoso e attaccabrighe...

– Eri ancora il più bravo in matematica, anche a Parigi?

– Puoi dirlo forte! Il primo della classe in tutte le materie scientifiche. Ho sempre con me, sepolto fra i miei ricordi, il foglio di congedo, con il giudizio degli esami di maturità. Un giorno te lo farò leggere... Così la smetterai di pensare che faccio il presuntuoso! In compenso ho continuato a non sapere il latino, mentre il mio professore di tedesco mi diceva che ero una bestia...

– Addirittura!

– Eh, sì. Nelle materie umanistiche, ero

un disastro, tranne in storia. Anche se non andavo molto d'accordo con il professore De l'Esguille, che di me diceva: «Corso di nascita e di carattere!». Io me la prendevo, perché lo consideravo un apprezzamento negativo, ma forse mi sbagliavo... Tanto è vero che, nel mio giudizio finale, questo professore aggiunse: *Andrà lontano, se le circostanze lo favoriranno*.

– Aveva ragione. È stata una buona profezia.

– Probabilmente sì. Guarda... ha quasi smesso di piovere!

– Sì, quasi. Ma il mare è ancora molto mosso.

– Durerà ancora poco. Ai Tropici è sempre così. Le tempeste arrivano all'improvviso, fanno un gran baccano e vanno via altrettanto all'improvviso. Sei tutto bagnato. È ora che torni in cabina a cambiarti.

– Anche tu sei zuppo, nonostante il tuo cappottone...

– Questo non è un "cappottone", prego. È il famoso impermeabile grigio di Napoleone Bonaparte! Ha una storia gloriosa, sai? Lo indosso... Beh, è meglio dire «lo indossavo», sempre durante le battaglie. I pittori mi hanno ritratto spesso con questo affare addosso e anche i nemici mi riconoscono subito quando lo porto... Gli sono molto affezionato. Allora, vuoi rientrare?

– Aspettiamo che il mare si calmi ancora un poco. Pensi che riusciremo a cenare?

– Sei preoccupato che non ti diano da mangiare? Non hai lo stomaco in subbuglio?

– Lo avevo. Adesso è passato e sento un certo appetito. Oggi ho fatto palestra, mi fa venire una fame che divorerei un bue.

– Dovrei fare esercizio anch'io. Mi sto appesantendo, vedi? –. E così dicendo si è dato qualche colpetto sulla pancia.

– Perché non ti unisci a noi?

– Perché Gourgoud mi massacrerebbe.

– Giusto. Allora posso smettere anch'io?

– Nient'affatto. Tu non hai quarantasei anni! Ora basta chiacchiere. La tempesta è finita, non corriamo più alcun pericolo, se non che tu prenda una polmonite. Fila a cambiarti.

Nella nave c'era una gran confusione e

Old Cock ha fatto molta fatica a riportare la calma. Di cenare, nessuno parlava. Gli unici interessati all'argomento eravamo io e Gourgoud.

Allora abbiamo provato ad andare dal cambusiere ma abbiamo rimediato solo un pezzo di formaggio e una fetta di dolce avanzato.

Poi ci siamo divisi la branda perché Gourgoud non poteva andare a dormire sul ponte: c'era troppo da fare e i marinai non lo volevano fra i piedi.

Dire che ci siamo divisi la branda è inesatto perché, dopo cinque minuti, Gourgoud, che dormiva come un ghiro, ha occupato tutto il posto, schiacciandomi con la sua mole contro la parete. Così mi sono alzato e ho dormito seduto sul pavimento, con la testa appoggiata a una sedia.

Stiamo avvicinandoci a Sant'Elena, ormai non dovrebbe mancare molto. Lo dicono i marinai, lo conferma Old Cock. Forse è questo che abbatte Napoleone e lo rende di umore cupo.

Secondo i generali che lo accompagnano, la mia vicinanza lo aiuta. – Vedo che parlate spesso e ne sono molto contento – mi ha confessato l'altra sera Gourgoud. – La tua compagnia gli fa bene. Ne parlavo con Bertrand e Montholon. È una fortuna, averti con noi. E anche che non ti interessino le battaglie e le strategie militari. Ha bisogno di parlare d'altro.

– Forse, se mi liberate dall'obbligo della palestra, potrei passare più tempo con lui. Cosa ne pensate?

– Non fare il furbo con me, moccioso. Devi mangiarne ancora di minestra prima di poterti prendere gioco di Gourgoud! Vengo a svegliarti domani, prima dell'alba. E vedi di impegnarti. Domani pretendo venti flessioni di fila sulle braccia e cinquanta addominali. Sono stato chiaro? E poi, non so di cosa ti lamenti: per ora, sei riuscito persino a evitare il ballo.

È vero: non ho ancora trovato il coraggio di chiederlo alle signore. Madame Montholon non mi piace, e madame Bertrand mi incute soggezione perché è molto bella ed è più alta di me.

Una delle poche attività alle quali Napoleone non rinuncia neppure nei giorni di maggiore sofferenza per lui, è la lettura del giornale di bordo, per la quale richiede la mia presenza. Sostiene che, anche se sono uno zuccone in matematica, vuole lo stesso provare a insegnarmi come si legge una carta nautica. Così ho appreso che: *il giorno 23 settembre abbiamo superato l'Equatore, a zero di latitudine, zero di longitudine e zero di inclinazione, circostanza eccezionale che non si rinnoverà prima di uno o più secoli, essendo necessario, perché ciò avvenga, di arrivare al primo meridiano verso mezzogiorno e passare la linea in quell'ora e in quell'istante in cui il sole vi giunge, il giorno dell'equinozio.*

Capito niente? Nemmeno io.

Però Napoleone me l'ha spiegato con un tale entusiasmo, che a me dispiaceva rispondergli che non avevo capito un fico secco. Così, quando mi ha chiesto: – Tutto chiaro? –, ho risposto evasivamente, come faccio qualche volta con il professore di matematica: – Più o meno...

In questi casi, il mio professore sospira e dice: «Signor Las Cases, la matematica non è qualcosa che si possa capire "più o meno". O si capisce o non si capisce. Ora, vuole essere così cortese da dirci quale di queste due alternative va applicata al suo caso?».

Stranamente, neanche si fossero parlati, anche Napoleone mi ha guardato di sotto in su e ha detto: – Non mentire con me, giovanotto. Questi concetti non si possono capire "più o meno" O li hai capiti o non li hai capiti. Vuoi che te li ripeta?

– Forse è meglio, grazie.

Lui me li ha ripetuti, ma per me non è cambiato nulla. Ma non volevo dirlo, così quando mi ha chiesto nuovamente: – Adesso hai capito? –, sforzandomi di trovare un tono entusiasta e convincente, ho detto: – Ah! Adesso sì, ho proprio capito.

Forse non mi ha creduto, perché mi ha dato un affettuoso scappellotto sulla nuca e ha detto: – No, non sei portato per la matematica. Non saresti mai un buon generale. La tua idea di fare lo scrittore mi sembra più azzeccata.

Non so se devo considerarlo un incoraggiamento o una condanna.

4
L'isola

QUESTA SERA, mentre eravamo a cena, abbiamo sentito urlare: – *Land*! *Land*! –. Terra! Terra!

La vedetta appollaiata sulla coffa ha avvistato l'isola di Sant'Elena.

Dunque, siamo giunti a destinazione: è sabato, quattordici ottobre milleottocentoquindici.

Fino a quel momento, a tavola, si era chiacchierato in modo piuttosto cordiale, ma quando il grido della vedetta è risuonato nell'aria, all'improvviso fra i presenti è sceso un silenzio di tomba.

Eppure l'annuncio non ci ha colti di sorpresa. Aleggiava sopra le nostre teste da qualche giorno.

Madame Betrand ha preso di tasca un

fazzolettino, se lo è portato alla bocca e ha preso a singhiozzarvi dentro silenziosamente.

Gourgoud ha chinato gli occhi sul piatto, senza parlare ma stringendo le mascelle, come fa quando qualcosa lo fa molto soffrire.

Napoleone, dopo un momento di esitazione, si è alzato e, seguito da Bertrand e Old Cock, è andato verso la prua della nave.

Anch'io sono uscito, curioso di avere una prima impressione dell'isola che sarà la nostra casa per un tempo al momento indefinibile. Fuori, però, è piuttosto buio e non riesco a distinguere i contorni della terra. Old Cock allunga l'indice davanti a sé. – Se aguzzate bene la vista, generale, vedrete una massa grigia che si protende verso l'orizzonte come uno zoccolo: è il picco di Diana.

L'Imperatore, le mani dietro la schiena, annuisce senza dire nulla. Ora lo conosco quanto basta per leggere dietro ogni suo silenzio, e posso immaginare che il cuore nel petto gli si è fatto pesante come un macigno. Approdare a Sant'Elena rende il suo esilio definitivo, la sua sorte ineluttabile. Me lo aveva detto lui stesso, giorni addietro: «Il momento peggiore sarà quando la vedetta lancerà il grido: terra! Vorrà dire che tutto è perduto».

«Perché dici così?» avevo provato a incoraggiarlo. «Giungere a Sant'Elena vuol solo dire che il viaggio è finito. Finalmente potremo camminare sulla terra ferma. Quasi non ricordo più la sensazione che si prova a posare il piede su una superficie che non balla e non ondeggia. Avremo agi e comodità. È tutto da vedere, quello che accadrà dopo.»

«Accadrà solo che sarò guardato a vista, in una prigione. Magari di lusso, se l'isola sarà davvero bella come ce l'hanno descritta, ma pur sempre una prigione. Non mi resterà che attendere la morte, sperando che non si faccia beffa di me, come ha fatto a Waterloo.»

Poi si era interrotto e aveva scosso la testa: «Sono di umore nero. Dovresti andare via, come mi avevi promesso. Non è educativo, per te, frequentare la persona che sono io adesso. So solo piangermi addosso, io che detesto i piagnistei. Perché non mi lasci solo?».

«Se vuoi che vada, lo faccio. Però non è vero che non è educativo stare con te: ho imparato tante cose, da quando ci frequentiamo. Mi sembra che quello che io sono oggi, ha così poco a che vedere con quello che ero quattro mesi fa, quando sono partito da Parigi. Ed è tutto merito tuo. Credo di non aver mai avuto un amico vero come te, tranne Ben. Mi hai dato il tuo tempo, mi hai raccontato della tua vita, mi hai trattato come fai con i tuoi ufficiali. Ho solo il dispiacere di non poterti aiutare. Preferisci davvero stare solo?»

Per tutta risposta, Napoleone mi aveva messo una mano sulla spalla avvicinandomi a sé. Poi, sorridendo, aveva detto: «È vero che sei cambiato, da quando siamo partiti. Sei cresciuto a vista d'occhio. Vedi? Non riesco più a metterti la mano sulla spalla, come facevo quando eravamo sul *Bellerofonte*. Mi fa piacere che, fra i miei amici, ce ne sia almeno uno che, da questo viaggio, ha tratto giovamento. Comunque sappi che anche tu hai aiutato me, con la tua curiosità. Mi hai fatto tornare alla mente il ragazzo che ero un tempo... Magari potessi assomigliargli oggi. E invece, non ho più nemmeno un briciolo, del fuoco che mi bruciava allora».

«Forse, quando giungeremo a Sant'Elena, recuperai un po' di ottimismo. Magari ti farà piacere tornare a vivere su un'isola, respirare i profumi del mare, poterlo osservare da ogni angolo.»

Vorrei tanto che Sant'Elena assomigliasse il più possibile alla Corsica.

Per il momento, è troppo buio per distinguerne il profilo. Spero di sì, per il bene del mio amico Napoleone. Questa notte dormirò anch'io all'aperto, come Gourgoud, perché, al primo apparire della luce, voglio vederla.

L'arrivo a destinazione ha un po' incrinato quell'atmosfera di cordialità che si era creata fra noi e gli Inglesi. Old Cock, senza volerlo, ha ripreso un'aria più distaccata, fredda, sicura di sé. Forse non vuole mostrare al Governatore dell'isola di aver fraternizzato troppo col nemico. Quanto all'equipaggio della nave, non ha nascosto la sua gioia, all'annuncio della vedetta.

I marinai hanno lanciato in aria i cappelli, gridando – Hurray! Hurray! – mentre noi Francesi siamo rimasti in un silenzio che la diceva lunga sul nostro stato d'animo.

Dopo cena, la nave si è messa all'ancora, proprio davanti alla meta. Nessuno aveva voglia di chiacchierare. Tutti sono andati a letto presto, sebbene io pensi che nessuno di noi dormirà, questa notte. Io e Gourgoud abbiamo piazzato le nostre coperte sul ponte. Domani, all'alba, vedremo subito che aspetto ha la terra di fronte a noi.

È ancora buio pesto, quando mi sveglio. In realtà, ho solo sonnecchiato e lo stesso ha fatto Gourgoud. Non l'ho sentito "respirare profondamente" (guai a dirgli che russa!) come fa quando dorme davvero.

Si accorge che mi muovo. – Sei sveglio? – mi chiede.

– Sì.

– Hai dormito?

– Poco. E voi?

– Per carità. Non è il momento. Vado a vedere se in questo buco puzzolente di nave si riesce ad avere qualcosa di caldo. Lo vuoi anche tu?

– Grazie, se non vi è di disturbo.

Gourgoud si alza, si stiracchia, si toglie la giubba. – È troppo presto, è ancora buio. Ma, visto che siamo svegli, tanto vale fare un poco di movimento. Serve a scaricare la tensione. Ci stai?

– Preferirei di no. Era ieri, il giorno della ginnastica. Sono ancora tutto indolenzito.

– Su, avanti, non fare l'indolente. È noioso fare esercizi da solo. Cosa ci vuole? Tanto per sgranchirci un poco. Per premio, ti prometto un caffelatte fumante. Che ne dici?

– E va bene.

Mi alzo e faccio compagnia a Gourgoud. Piegamenti, addominali, flessioni sulle braccia: trenta, non una di più, anche se lui vorrebbe che mi spingessi «fino al limite estremo della mia resistenza».

– Sono già oltre il limite estremo della mia resistenza, generale!

– Sciocchezze. Potresti fare molto di più, se non fossi un pigrone. Mi ringrazierai, un giorno, quando le signorine cadranno ai tuoi piedi estasiate dal tuo fisico atletico.

– Lo spero. Altrimenti non riesco proprio a capire per quali ragioni mi sottopongo a questa tortura.

– Perché te l'ha ordinato l'Imperatore, ricordi? E ti ha anche ordinato di imparare a ballare, cosa che non hai fatto. Sei un vero maestro nello scansare le fatiche.

Insomma fingiamo di chiacchierare piacevolmente, perché nessuno dei due si accorga dell'ansia dell'altro, fino a quando è possibile. Poi, l'alba comincia a tingersi appena di un dito di rosa. Una luminosità impalpabile, appena intuibile, si diffonde sull'oceano.

Io e Gourgoud abbandoniamo le nostre attività ginniche e ci affacciamo alla murata della nave. L'isola è piuttosto lontana e forse non ne distinguo ancora bene i contorni... spero, perché quello che vedo non mi mette di buon umore. Anche Gourgoud lo spera.

– Non riesco a distinguere un accidenti – commenta – O almeno, così mi auguro. Altrimenti dovrei convincermi di avere davanti agli occhi un'arida muraglia grigia.

– Anch'io vedo poco. Forse è solo una fitta superficie boscosa... Vista da qui, con questa luce scarsa, dà l'impressione di una muraglia grigia.

– Mmm – si limita a grugnire Gourgoud.

Dieci minuti dopo la luminosità è ormai sufficiente. L'isola è là, davanti a noi. La guardo e mi sento rimescolare il petto da un sentimento che definirei paura. O ribrezzo.

Forse è questa strana luce mattutina, forse è lo spettacolo che contemplo davanti a me. Oppure sono tutte e due le cose. Sta di fatto che mi viene istintivo chiedermi: siamo ancora nel nostro mondo, quello che io conosco, o siamo giunti ai confini della realtà? Ho di fronte a me una visione reale o solo un'illusione della mente, che una perfida strega ha posto davanti a noi per spaventarci?

Una immensa muraglia fuoriesce dal mare e si erge innanzi a noi. Un bastione ininterrotto di rupi alte sei, settecento metri, forse più, a precipizio sul mare, di un uniforme, sgradevole, ostile colore grigio scuro.

Il mare si infrange contro quella possente barriera priva di vita in uno spumeggiare di onde bianche e spruzzi, che si innalzano verso l'alto fino a diventare vapore e nebbia. Osservo esterrefatto. Forse abbiamo sbagliato rotta e siamo finiti nel paese dei leggendari Vichinghi, ma dove sono i ghiacci? O forse siamo in una parte di mondo non ancora scoperta ed esplorata. Deve essere così. Per forza. Gli Inglesi ci avevano descritto un'isola completamente diversa, avevano parlato di un luogo ameno, verdeggiante, dall'eterna primavera.

Aguzzo la vista, alla ricerca di qualche

esile forma di vita. Ma non serve: non un albero, non un filo d'erba, nessuna traccia di spiaggia e nemmeno di riva su cui poggiare un piede. Impossibile qualsiasi attracco, almeno su questo versante.

L'isola, nel suo insieme, dà proprio la sensazione di un grosso scoglio che un Dio capriccioso si è divertito a buttare là, in mezzo all'oceano. Quasi a farlo apposta, le uniche nubi che vediamo, dopo giorni e giorni di assoluto sereno, incombono come una pesante cappa scura proprio sulla terra di fronte a noi. Avverto un

brivido di freddo. Come è possibile? Non siamo all'equatore?

– È un'isola vulcanica – sentenzia Gourgoud. Il tono della sua voce mi fa sentire ancora più freddo. – Un grosso masso sputato fuori dalle budella di un vulcano – prosegue. – Una fortezza, non un'isola. Dal punto di vista del nemico, una scelta impeccabile. Nessuno potrà mai fuggire, da un posto così. Non servono nemmeno le sentinelle. Sito eccellente per una colonia penale.

Le parole di Gourgoud descrivono in modo lapidario ed efficace lo spettacolo che abbiamo davanti agli occhi, però io non mi voglio arrendere. Non ho forse promesso al mio amico Napoleone di prendere come esempio lo spirito combattivo che lui aveva alla mia età?

– Per ora possiamo vederne solo un lato, generale Gourgoud, certamente il peggiore. Vedrete che l'altra faccia sarà molto più accogliente.

Lui non commenta. Si limita a dire: – Ho promesso di andare a cercare qualcosa di caldo per tutti e due. È meglio che ci vada. Così forse riesco a controllare l'impulso di prendere per il collo il primo Inglese che mi capita a tiro.

Torna con una tazza fumante e me la mette in mano. Per sé non ha preso nulla. Ne bevo qualche sorso, ma sento che non va giù.

– Ne volete un po', generale? Non credo che riuscirò a berne altro.

Per tutta risposta, afferra la tazza e la scaglia lontano, con un gesto rabbioso. Poi si appoggia alla murata, china il viso e lo nasconde fra le braccia. Le spalle hanno un leggero sussulto. Potrei sbagliarmi, ma ho l'impressione che stia piangendo.

– È tutto perduto – sento che sussurra. – Finito...

È meglio che mi allontani. Sono certo che non gli farebbe piacere sapersi osservato, in questo momento.

Ormai l'alba è sorta. La luce è limpida, la vista perfetta, sebbene le nubi continuino ad addensarsi sui picchi più elevati e la nebbia salga dal mare.

Napoleone compare all'improvviso sul ponte, vestito di tutto punto. Impugna l'occhialino e, senza rivolgersi a nessuno, appunta gli occhi sul muraglione grigio davanti a sé.

Vorrei andargli vicino e rincuorarlo: – Non ti preoccupare, Napoleone. Questa è la faccia peggiore. L'altro versante sarà molto più accogliente, vedrai. Ci saranno tante piccole casette gialle, rosa, lilla, azzurrine. Una addosso all'altra, con le palme e i vasi di gerani sugli scalini. E ci sarà tanta gente nel porto che ti aspetterà per salutarti. E tutti grideranno: «*Bonay, Bonay, look here*» guarda qui. E sventoleranno i fazzoletti e ti manderanno doni. È così, non ti abbattere, Napoleone, ti prego...

Ma lui non guarda dalla mia parte e io non ho il coraggio di andargli vicino.

Sono usciti dalle cabine anche Bertrand e Montholon, con le mogli. Madame Bertrand si aggrappa al braccio del marito e guarda fisso davanti a sé. Le labbra, a poco a poco, si spalancano in una espressione di stupore, ma non ne esce alcun suono.

Old Cock e il tenente Ross danno ordine all'equipaggio di salpare. La nave si muove e, lentamente, si avvicina all'isola, girandole intorno.

Il paesaggio non muta. Appare solo una fenditura nella roccia, come se si fosse spaccata in due. All'interno, si intravedono una manciata di case dal tetto rosso, una torre quadrata, come il campanile di una chiesa, e una sorta di piccolo forte. Nell'insieme, un minuscolo porticciolo, che cerca a fatica di ricavarsi una strisciolina di terra fra i due possenti muraglioni di roccia nera che lo chiudono, lo soffocano, gli tolgono il sole.

I muraglioni sono disseminati di una quantità incredibile di cannoni. Mi chiedo da quale terribile nemico debbano difendersi, per essersi armati in modo così massiccio. Conto anche due palme, due di numero, dall'esile ciuffo striminzito. Alle spalle del villaggio, si indovina un retroterra accidentato, aspro, monotono. Niente piante, niente verde, niente case. Non un'anima viva.

Madame Bertrand esplode in un pianto dirotto e picchia i pugni contro il petto del marito, che cerca di stringerla a sé per calmarla. Non grida. Le sue parole sono smozzicate, ovattate, escono a fatica, tra un singhiozzo e l'altro: – Era questa l'isola verdeggiante, soleggiata, la terra felice dove regna l'eterna primavera? Era questo che mi avevi promesso? Mi hai condotto nella bocca dell'inferno!

Bertrand le solleva il volto e la guarda negli occhi: – Non lo sapevo, te lo giuro. Questo ci era stato detto. Dobbiamo convincerci, una volta per tutte, che gli Inglesi sono delle canaglie senza onore.

Parole così crude e dure sono inusuali sulla bocca di Bertrand, di solito pacato, misurato, paziente. Madame Bertrand ne è colpita. Forse legge negli occhi e nel cuore del marito una disperazione anche maggiore della propria, e si calma. Si asciuga gli occhi e si soffia il naso.

– Resisteremo anche all'inferno – afferma con decisione.

Napoleone osserva la scena, impassibile. Fissa un punto indefinito dell'orizzonte, sempre quello, e batte velocemente le ciglia, come l'ultimo giorno sul *Bellerofonte*, mentre venivano letti gli ordini di Sua Maestà Britannica.

Gourgoud gli si fa incontro. Lo fissa

con gli occhi lucidi e spalancati, vorrebbe dire qualcosa, forse incoraggiarlo, ma le parole non vengono. Napoleone gli picchia un colpetto sulla spalla, come fa sempre quando vuole consolarlo, ringraziarlo o fargli sentire che gli vuole bene. Poi dice: – Vedete, Gourgoud? I miei ufficiali dovevano lasciarmi morire a Waterloo. Sarebbe stata un'opera di misericordia.

La voce è pacata, calma, non c'è nessuna traccia di polemica o di piagnisteo. Gourgoud china la testa e non risponde. Non sono l'unico che non trova nulla da dire.

La tensione esplode a pranzo. Old Cock pretende che lo consumiamo tutti assieme, come facciamo di solito per la cena. Noi Francesi intuiamo cosa si nasconde dietro il gesto di apparente cortesia: siamo a un passo dal porto e lui vuole tenerci tutti sotto controllo. Teme che possiamo allontanarci a nuoto... ma per andare dove, se siamo persi in mezzo all'oceano?

A tavola si comporta come se nulla fosse cambiato. Cerca di tenere desta la conversazione e ci descrive la capitale dell'isola, Jamestown, ovvero le quattro case strette fra due bastioni di roccia. Ma forse lui vede qualcosa di diverso, perché fa largo uso dell'aggettivo "delizioso": Jamestown è una cittadina "deliziosa", la gente è "deliziosa", i dintorni sono "semplicemente deliziosi".

A un tratto si ferma e si guarda attorno preoccupato che nessuno dei presenti gli risponda, poi riprende a blaterare sulle bellezze di Jamestown, fino a quando Madame Bertrand non ne può più: – Sentite, Cockburn, – sbotta, chiamandolo proprio così, come fosse un marinaio qualunque – fateci un piacere. State zitto. Già ci costringete a sedere alla vostra tavola, per poterci controllare meglio, almeno risparmiateci queste chiacchiere insulse. Voi Inglesi siete dei bugiardi senza onore!

Old Cock balza sulla sedia.

– Madame, cosa dite! Tanto per cominciare, alla mia tavola, siete degli ospiti. Non ho alcun bisogno di controllarvi!

– Davvero? – lo ha interrotto Gourgoud. Tutti si sono voltati verso di lui. È raro che Gourgoud intervenga a tavola. E quello, tra i Francesi, che ha legato meno di tutti con gli Inglesi.

– Se davvero non avete bisogno di controllarci, *Monsieur*, – prosegue, guardando in faccia Cockburn – allora sono certo che non avrete alcuna difficoltà ad autorizzarmi a sbarcare.

Old Cock si agita sulla sedia. Si è messo in un vicolo cieco con le sue mani. – La richiesta mi sorprende, generale Gourgoud. Che bisogno avete di sbarcare?

– Desidero fare il giro dell'isola, verificare se davvero vi sono le meraviglie che ci avete decantato. Forse la vista mi inganna, ammiraglio, perché, fino a questo momento, io non le ho notate. Vorrei tanto poter smentire Madame Bertrand.

Old Cock è in palese difficoltà. Balbetta, arrossisce, si confonde. – Io... ehm... Mi dispiace, sir. Ho ricevuto ordini molto tassativi dai miei superiori: non posso autorizzarvi a sbarcare, sir, sino a quando non sarà stato trovato per voi un alloggio stabile. Credetemi, ne sono desolato quanto voi.

– Allora, Monsieur, permettetemi di confermarvi che voi Inglesi siete bugiardi senza onore.

Old Cock è paonazzo. Si alza in piedi, picchia un pugno sul tavolo e urla: – Voi ritirerete queste parole e mi chiederete scusa, generale Gourgoud, oppure mi darete soddisfazione.

Gourgoud esibisce il pezzo forte del suo repertorio: il sorriso che mette paura. – Non ritiro un accidenti. E sono prontissimo a darvi soddisfazione nei modi e nei tempi che preferite, monsieur.

Old Cock ha lo sguardo spaurito. Un duello con Gourgoud? A questo punto, non ha alternative, se vuole uscire con dignità dalla situazione in cui si è cacciato. Ma non è alla sua portata... finirebbe maluccio.

Gli ufficiali inglesi si guardano l'un l'altro, preoccupati. Old Cock, invece, fissa l'Imperatore, implorando in silenzio il suo aiuto per sbrogliare quella ingarbugliata matassa. Napoleone, per un momento, lo lascia in sospeso, mentre noi tutti ci godiamo lo spettacolo dell'Ammiraglio tremante e spaurito. Poi gli lancia una ciambella di salvataggio: – Dovete avere pazienza con le intemperanze dei giovani, *Monsieur*. Hanno coraggio, ma difettano di saggezza. Il generale Gourgoud, oltre a essere assai più giovane di me e di voi, mi vuole molto bene e a volte questo affetto lo acceca e gli fa dire cose inopportune. Posso chiedervi di accettare le mie personali scuse e rinunciare a quelle di Gourgoud? Ve ne sarei molto grato.

Old Cock si siede. Un pallido accenno di sorriso torna a rasserenargli il volto. – Ma certamente, generale – Le sue guance stanno riprendendo un po' di colore. – Io credo che almeno voi mi vogliate riconoscere che ho fatto quello che potevo, per rendere gradevole il vostro soggiorno su questa nave...

– Ve lo riconosco, ammiraglio. E ora vi prego, riprendete a descriverci le "delizie" di Jamestown.

E così Old Cock, come se nulla fosse, riprende a sproloquiare sull'isola.

È buio pesto, quando la scialuppa approda a Jamestown. Trasporta Napoleone, un servitore, Gorugoud, mio padre e me. Non si vede né una luce nelle case, né un'anima in giro.

– Per questa notte dormirete nel porto –

ci ha informato il Governatore dell'isola, sir Wilks – Sarà una sistemazione piuttosto semplice, signori. Dovrete avere pazienza. Domattina, ne cercheremo una più confortevole per qualche settimana, fino a quando non sarà pronta la residenza definitiva, a Longwood. Per questi primi giorni, sarete divisi in piccoli gruppi. Il generale Bonaparte può tenere presso di sé due persone a sua scelta. L'ammiraglio Cockburn alloggerà nella residenza del Governatore, il castello che vedete in cima a quella roccia. Nel caso aveste qualche necessità...

Gourgoud l'interrompe: – Non era nei patti che gli ufficiali dell'Imperatore lo abbandonassero in mano del nemico – usa proprio questo termine: nemico. – I Francesi devono stare tutti assieme, per assicurargli protezione. Inoltre, – prosegue – esigo di verificare di persona che il luogo in cui intendete alloggiarlo sia decoroso.

– Voi non siete nelle condizioni di esigere nulla, sir – risponde seccamente Sir Wilkis.

Old Cock interviene a sedare gli animi: – Generale Gourgoud, non abbiamo potuto fare molto per questa prima notte, cercate di comprendere. Come voi stesso potete constatare, il porto è minuscolo, non è facile trovare una sistemazione per tutti.

– La residenza del Governatore mi sembra il luogo giusto in cui ospitare l'Imperatore – replica Gourgoud.

Loro tacciono per un momento, guardandosi imbarazzati.

– Purtroppo, non sono questi gli ordini che abbiamo ricevuto – afferma Wilks, abbassando la voce. Gourgoud è pronto a polemizzare ancora. Ma Napoleone lo guarda negli occhi e ferma la protesta sul nascere. Lo sguardo non è imperioso ma avvilito. Il volto è pallidissimo, la figura curva, come se un peso insostenibile gli gravasse sulle spalle: – Gourgoud... mi sento molto stanco. Non voglio ulteriori discussioni. Va bene così.

Gli picchia un colpetto sulla spalla, per fargli capire che apprezza l'impegno. Poi aggiunge a voce bassissima, quasi un soffio che solo Gourgoud riesce a sentire: – Scusami, amico mio. So che la mia rassegnazione ti ferisce. Hai conosciuto un

Napoleone diverso e lo rimpiangi, mi dispiace. Ma ora vorrei solo distendermi e chiudere gli occhi per un poco. Mi accompagnerai tu – poi si interrompe, ci ripensa e dice: – Anzi no... ora ti darò un altro dolore: vorrei che fosse Las Cases a stare con me, questa sera. Ti spiace, amico mio?

– Sire, con tutto il rispetto... preferirei esserci io. Se dovesse accadere qualcosa, non possiamo contare su Las Cases per vegliare su di voi, e non mi fido di questa gente.

– Non accadrà nulla. Ti prego, vai a riposare tranquillo. Ci vedremo domattina.

Gourgoud non replica e china la testa ma poi guarda me e mio padre con uno sguardo che basta da solo a trafiggerci, senza nemmeno bisogno della spada.

Mezz'ora dopo, quando vediamo il posto riservato a Napoleone per la notte, non sappiamo se essere contenti che Gourgoud sia assente oppure rimpiangere la sua presenza. È una catapecchia cadente, con un'unica stanza persino più piccola della cabina che Napoleone aveva sul *Northumberland*. All'interno non vi è nulla, tranne una sedia sgangherata.

Da una finestra senza battenti esterni e senza tendine, piove una luce fredda che rende tutto più squallido, miserevole, triste.

Io e mio padre, che abbiamo preceduto

Napoleone per sistemare la stanza, ci guardiamo avviliti. Che cosa fare? Come possiamo rimediare?

– Vado a chiamare Gourgoud – annuncio. – Era meglio se veniva lui. Non è possibile accettare che Napoleone dorma in questa fogna per topi. Il generale si farà rispettare.

– Lascialo stare. Ne verrebbe fuori un incidente diplomatico. Andrò io al loro castello, a parlare con Sir Wilks. Deve darmi ascolto. C'è un limite a tutto!

Ma non c'è tempo di fare nulla. Alle nostre spalle è già comparso Napoleone. Lo guardo e capisco che sta male. È quasi piegato in due, come se avesse un forte dolore allo stomaco, il volto ha un colore livido. Anche mio padre se ne accorge.

– Sire, voi non vi sentite bene. Corro a cercare aiuto. Già era mia intenzione recarmi da Sir Wilks e protestare per le vergognose condizioni della stanza che hanno messo a disposizione di Vostra Maestà. Vi affido a mio figlio e corro...

Napoleone, senza parlare, lo ferma con il cenno di una mano. – Ascoltate Las Cases, se avessi voluto strepiti e proteste, avrei chiesto a Gourgoud, non a voi, di venire con me. Non serve lamentarsi, lo sapete meglio di me. Non capite che questo è un preciso messaggio degli Inglesi? Vogliono dirmi: generale Bonaparte, voi non siete più nessuno, se non un nemico sconfitto, un prigioniero come tanti. Me l'aspettavo, questo trattamento. Per questo non ho voluto Gourgoud. Lui ci soffre troppo. Io, invece, mi sono rassegnato...

– Ma voi state male, Sire.

– Non preoccupatevi. Devo solo distendermi e riposare. Se volete fare qualcosa per me, allora vi prego, fatemi preparare il mio letto da campo. È tutto quello che mi occorre –. La voce esce a fatica, ma lui si sforza di apparire normale.

Io, senza perdere altro tempo, chiamo il servo e lo aiuto a montare il letto. Ci appoggiamo sopra il materasso di crine e le tendine verdi, poi accosto l'unica sedia sgangherata, che gli faccia da comodino.

Quando è tutto pronto, mi avvicino a lui. È appoggiato a uno stipite della porta, spalancata sul buio della notte. Intorno si ode un silenzio profondo, a parte qualche lontano verso di animali. La luna, ogni tanto, fa capolino fra le nuvole e getta lame di luce sul paesaggio circostante. Non sembra affatto di essere all'Equatore. Tutto questo grigio...

Non vedo mio padre. Forse è andato lo stesso a cercare Sir Wilks.

Napoleone ha gli occhi chiusi. Ho come l'impressione che sia concentrato nello sforzo di controllare il dolore, di resistere per non gridare. Gli tocco appena un braccio. Lui sussulta.

– È pronto il letto. Vieni, appoggiati a me.

Si aggrappa al mio braccio e si fa condurre fino al letto. Poi si siede e lascia che lo aiuti a togliersi gli stivali e a distendersi. Finalmente trae un sospiro, come se quella posizione gli desse un sollievo immediato.

Non so confessare neppure a me stesso quanto mi sento addolorato. Credo di non avere mai provato un dispiacere così grande in vita mia. Però non voglio che la tristezza abbia la meglio.

– Sai cosa direbbe Ben, in questo momento, se fosse qui con noi? – chiedo a Napoleone, per distrarlo.

– No, cosa direbbe?

– Direbbe che quei due, Old Cock e Wilks, sono *stunnies*.

Napoleone sorride appena. Sono contento di avergli strappato un sorriso.

– Non so cosa voglia dire con esattezza, ma suona come qualcosa di poco gentile.

– *Molto* poco gentile.

– Old Cock chi è, Sir Cockburn?

– Sì, è lui. Il nomignolo glielo ha appiccicato Ben. È proprio azzeccato, non trovi? Vecchio gallo!

Napoleone sorride ancora, anzi ridacchia: – Vecchio gallo! Sì, è azzeccato.

– Se invece qui ci fosse Gourgoud, direbbe che io e mio padre siamo degli intellettuali buoni a nulla, che non sanno farsi rispettare. Io invece dico che non dobbiamo prendercela più di tanto. In fondo, si tratta di una sola notte. In guerra, ne hai viste di peggio, no?

– Ma tu, dove dormirai? In questo buco non c'è posto per te e tuo padre.

– Dormire? Ma vuoi scherzare? La prima notte che passo a Sant'Elena? Ora mi siedo fuori e aspetto l'alba.

È una cosa molto da grandi, aspettare

l'alba, no? I miei compagni Philibert e Boudin ogni tanto si vantano con noi piccoli di essere stati fuori tutta la notte. Dicono che hanno «fatto l'alba» e poi sono venuti a scuola. Non so come ci riescano, perché io sono sempre crollato anche quando avevo giurato a me stesso di non chiudere occhio. Questa, però, è la volta buona, voglio proprio riuscirci. Ora vado, d'accordo? Così puoi riposare.

– Ascolta. Facciamo così. Visto che non ho voglia di starmene solo in questo buco, prendi il mio "cappottone" grigio, come lo chiami tu. Me lo sono portato dietro, vedi? Mettilo per terra, vicino al mio letto, e stenditici sopra.

– Ma no. Non voglio mettere a terra il tuo storico cappottone grigio, immortalato anche dai pittori. C'è troppa polvere qui dentro.

– Cosa vuoi che interessi un poco di polvere a un indumento che è abituato ad andare in battaglia? Domani lo facciamo pulire.

– No, ti dico. Non ho sonno. Voglio stare fuori, all'aperto, per vedere sorgere il nuovo giorno. È un giorno importante, domani. Sono proprio curioso di vedere cosa succederà.

– Bravo. Così mi piaci. Bisogna sempre essere curiosi di scoprire cosa ci porterà il futuro. Però non c'è bisogno di aspettarlo all'aperto. Non hai mica la pellaccia dura come Gourgoud.

– Oh, posso farcela benissimo. E poi, nella stanza non c'è spazio, vedi? Non riesco a distendere il cappotto per terra.

– Allora sai cosa si fa? Ti ci siedi sopra e appoggi la testa sul letto. Aspetti che io mi sia addormentato e poi te ne vai fuori a vegliare. D'accordo?

– Benissimo.

– A proposito. Quasi mi dimenticavo. Guarda nella tasca interna. C'è un foglio piegato. Questa mattina, mentre radunavamo il mio bagaglio, mi è venuto in mente che ti avevo promesso di farti vedere una cosa... Ce l'abbiamo una candela?

– Un mozzicone. Ora l'accendo.

Ho messo la mano nella tasca interna del cappottone e ho tirato fuori un foglio ripiegato in quattro.

– Che cos'è?

– Il mio foglio di congedo. Una specie di pagella dei miei esami finali alla Scuola Militare di Parigi. La carta è sbiadita e in alcuni punti non si legge bene, però vedi? Guarda qui, dove c'è scritto il mio nome: Bonaparte Napoleone. Riesci a leggere? Facendo la media dei voti, risulto quattordicesimo classificato fra tutti i cadetti di quell'anno. Mica male, no? Se pensi che eravamo centinaia e che io avevo un sacco di svantaggi, rispetto a tutti quei damerini, figli di papà che erano i miei compagni di corso. E guarda i voti delle materie scientifiche: il massimo in tutte... Latino e Francese lasciale perdere, non le guardare... e neppure tedesco. Ma il resto: c'è da esserne fieri, no? E osserva il giudizio generale sulla mia personalità... Eccolo, qui. Cosa c'è scritto? Leggi a voce alta.

– *Amante dello studio più che di ogni altra specie di divertimento...*

– Vedi? E questo lo scrivevano professori che certo non mi avevano in grande simpatia... Prosegui.

– *...silenzioso, orgoglioso, energico nelle sue risposte.*

– Ah, sì! Altro che, se ero energico. In

questo sono stati generosi, altrimenti avrebbero dovuto scrivere molto peggio.

– *...capriccioso.*

– Bah! Capriccioso... C'è scritto proprio così?

– Proprio così: capriccioso.

– Questa è una bugia bella e buona. Figurarsi. Mai fatti capricci in vita mia. Qui c'è lo zampino di Domairon, il professore di Francese.

– *...dotato di grande amor proprio.*

– Vorrei vedere. Sicuro, che avevo amor proprio. Pensavano di potermi calpestare senza che io reagissi, quei damerini? Ma l'hanno capito in fretta, che con me non tirava aria!

– *...ambizioso e pronto a tutto.*

Napoleone resta in silenzio per un attimo, poi dice: – Sì, allora ero proprio così. *Ambizioso e pronto a tutto*. Non esisteva nessun ostacolo così insormontabile da potermi fermare, nessuna meta che mi paresse troppo alta o irraggiungibile. Ero un lottatore instancabile, una volta... Tanto tempo fa. Ripiega pure il foglio e mettilo al suo posto. Anzi, no. Quasi, quasi, sai cosa faccio? Te lo regalo.

– Davvero? Non sai quanto mi farebbe piacere. Sarebbe un regalo stupendo... Ma sei sicuro di volertene privare?

– A me, non serve più. Non ho più nulla a che fare, con quel ragazzo. Ma tu conservalo, per ricordo del tuo presuntuoso

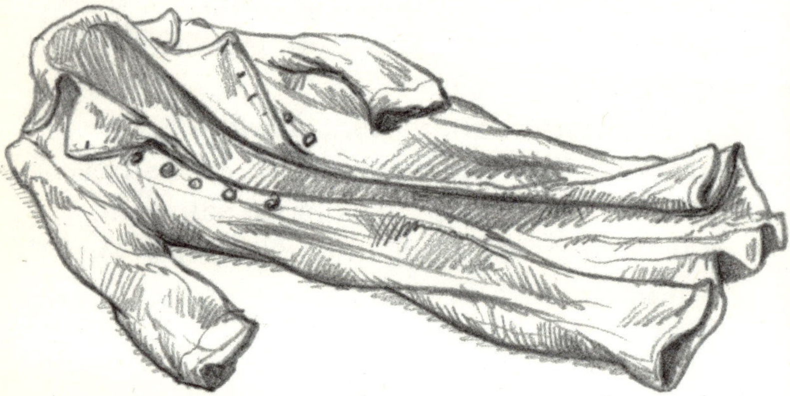

amico Napoleone. Se mai un giorno, per qualunque ragione, fossi triste, abbattuto o scoraggiato, andrai a rileggerlo e dirai a te stesso: ecco come bisogna essere, se si vuole tenere in pugno la propria vita.

– Lo farò, ci puoi giurare.

– Adesso siediti sul cappottone e poggia la testa qui. Quando vedi che mi sono addormentato, te ne vai ad aspettare l'alba. Intesi?

Così mi sono seduto per terra e ho poggiato la testa sul letto. Credo che siano passati non più di dieci secondi, prima che le mascelle quasi mi si slogassero in uno sbadiglio gigantesco. Poi, ricordo di aver pensato: «Adesso chiudo gli occhi per un minuto. Ma solo un minuto, giuro».

Quando li ho riaperti, il sole era alto. L'alba del nostro primo giorno a Sant'Elena era sorta senza che io la vedessi arrivare.

Nota per il lettore

I protagonisti di questo libro sono personaggi reali. Anche i fatti narrati ricalcano, pur nella libera ispirazione dell'autrice, le vicende effettivamente accadute a Napoleone Bonaparte dal momento in cui abbandonò la Francia fino al suo arrivo a Sant'Elena.
Giuseppe Las Cases, studioso e scrittore di buona fama, era un grande ammiratore di Napoleone, al punto da abbandonare gli studi e arruolarsi nell'esercito per seguire il suo eroe. Era determinato a passare alla storia come il biografo più attendibile e informato dell'Imperatore.
Quando questi, dopo la sconfitta di Waterloo, decise di consegnarsi agli Inglesi, Giuseppe Las Cases non solo lo accompagnò in Inghilterra, ma prese anche una decisione sorprendente: il giorno della partenza, si recò alla scuola del figlio Emanuele, lo prelevò e lo portò con sé in quel viaggio, di cui nessuno allora poteva prevedere l'esito.
Giuseppe Las Cases e il figlio seguirono Napoleone anche a Sant'Elena e vi rimasero per due anni. Poi furono cacciati dalle autorità Inglesi con l'accusa di spionaggio. Tutti i loro scritti furono sequestrati e vennero restituiti solo sei anni dopo la morte dell'Imperatore.
Dai suoi appunti, Giuseppe Las Cases trasse il libro *Memoriale di Sant'Elena*.

Indice

1. *Una mattina di giugno* 5
2. *Sul* Bellerofonte 27
3. *A bordo del* Northumberland 125
4. *L'isola* 161

Nota per il lettore 197

Chi è Carla Maria Russo?

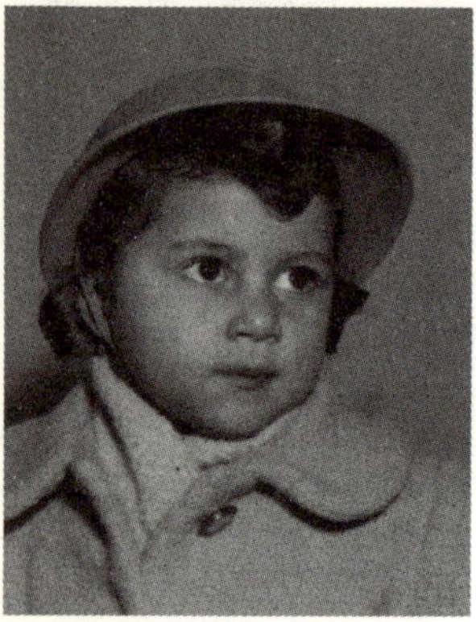

Carla Maria a quattro anni

Sono nata a Campobasso, in Molise, ma vivo a Milano da quando avevo tredici anni.
All'apparenza sono una persona normale: ho due braccia, due gambe, due occhi, due orecchie, un naso... Ma in realtà sono un topo! Dico davvero. Un topo di una specie particolare: il *mus bibliotecarius*, ovvero il "topo di biblioteca", così chiamato perché le biblioteche costituiscono, appunto, il suo habitat naturale.
Il *mus bibliotecarius* vive di libri: gli piace sfiorarli, annusarli, rimirarli.
Salta da uno scaffale all'altro e ogni tanto sceglie un volume e vi si immerge. Io, per esempio, ho un debole per quelli antichi, a volte antichissimi. Che cosa ne faccio? Chiacchiero con i personaggi che incontro nelle pagine, naturalmente! Qualche volta si tratta di gente semplice e umile, altre volte di personaggi importanti: re, regine, imperatori, generali...
Ci raccontiamo un sacco di cose. Loro hanno sempre molta voglia di parlare, perché non è così divertente starsene sempre chiusi nelle pagine di un libro polveroso, su uno scaffale polveroso, fra mille altri volumi polverosi. Così, quando qualcuno gli concede un po' di libertà, vanno in visibilio e diventato loquaci.

Mi confidano segreti e pettegolezzi e diventiamo grandi amici. A volte, le loro storie sono così interessanti che mi viene la tentazione di raccontarle anche agli altri. Oppure sono proprio i miei amici che mi pregano di farlo: così possono cambiare casa e trasferirsi dal libro in cui io li ho incontrati a quello che sto scrivendo. Non vi dico che gioia, in questi casi! Non stanno più nella pelle! Pensate: abbandonare il passato e ritrovarsi a tu per tu con i ragazzi del duemila, nelle loro meravigliose case moderne... Un'emozione travolgente!

Carla Maria Russo

Chi è Michael Welply?

Michael
a otto anni

Ho sempre disegnato, fin da quando ero bambino. Chiedevo di continuo ai miei genitori della carta e delle matite, finché un Natale, quando avevo sette o otto anni, mi hanno regalato un gran rotolo di carta bianca e una scatola di matite. Erano ciò che desideravo di più.

A scuola riempivo i bordi dei quaderni di personaggi e animali strani (come potete immaginare, i professori non erano molto contenti).

Sono nato a Londra, ma ci è mancato poco che nascessi in Cina (i miei genitori infatti abitavano lì, ma sono tornati in Inghilterra poco prima della mia nascita). Mi piace molto viaggiare, e disegnare le illustrazioni per me è un modo bellissimo di viaggiare.

Oggi abito in Francia, in campagna, con mia moglie. Abbiamo un giardino pieno di uccelli e un cavallo, e due figli già grandi che sono partiti alla scoperta del mondo.

Michael Welply

Ti piacciono le avventure storiche? Allora puoi leggere anche:

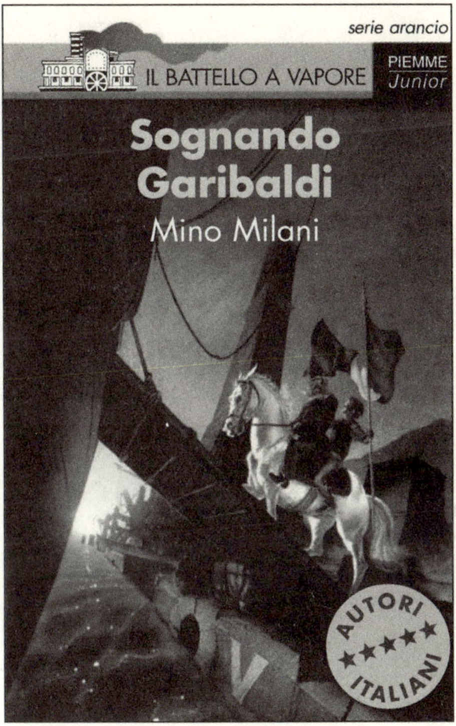

Mino Milani

Sognando Garibaldi

Genova, 1843. Marco si imbarca su una nave diretta in Uruguay, dove la Legione Italiana capitanata da Giuseppe Garibaldi difende Montevideo dagli assalti degli argentini. Lì, indosserà la camicia rossa e combatterà a fianco del mitico generale. Sarà un'esperienza indimenticabile...

Teresa Buongiorno

Ragazzo etrusco

La fine di Veio è vicina: quando la città viene messa a ferro e fuoco dal comandante romano, Tarconte riesce a portare in salvo i suoi amici attraverso cunicoli segreti. In una terra sconosciuta e piena di pericoli non sarà facile difendersi dalle insidie e trovare la strada verso una nuova vita...